민주
시민
학교

오승현 글 | 김주경 그림

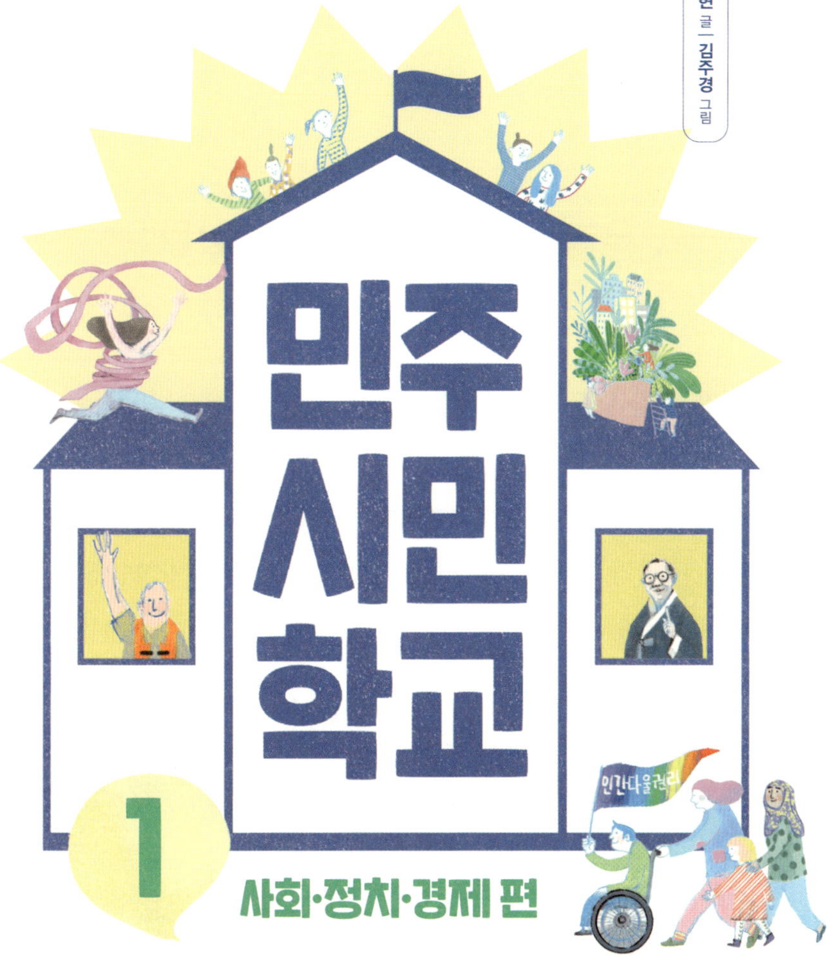

민주 시민 학교

1 사회·정치·경제 편

휴먼어린이

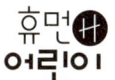

여는 글

우리는 서로 연결되어 있다

가장 위대한 발명품, 라면! 가장 맛있는 음식은 아니더라도, 그 가격에 그만큼 배부르고 맛도 좋은 음식이 또 있을까요? 저는 적어도 1주일에 한두 번은 라면을 먹는 것 같아요. 대한민국 평균이죠. 여러분도 라면 좋아하세요? 한국인만큼 라면을 좋아하는 민족도 없습니다. 국민 1인당 라면 소비량은 75.6개로 전 세계 1위거든요. 그것도 독보적인 1위죠.

그런데 라면을 많이 먹을수록 코끼리가 고통받는다는 사실을 알고 있나요? 요코쓰카 마코토가 쓴 《코끼리와 숲과 감자 칩》이란 책이 있어요. 책에는 보르네오섬에서 코끼리들이 힘겹게 강을 건너는 장면이 나옵니다. 코끼리들은 왜 힘들게 강을 건널까요? 먹을 걸 찾기 위해서랍니다. 숲이 줄어들어 먹이가 부족해졌죠. 숲이 줄어든 이유는 바로 팜나무를 키우는 농장을 만들려고 숲을 밀어냈기 때문이죠.

팜나무 열매를 짜면 팜유가 됩니다. 라면이나 과자, 감자 칩 등을 튀길 때 쓰죠. 또 마가린, 아이스크림 등을 만들 때도 쓰여요. 심지어 잉크, 비누, 샴푸, 화장품 등을 만드는 데도 써요. 오늘 내가 맛있게 먹은 라면 한 봉지가 코끼리 가족의 삶을 힘겹게 만들고 있답니다. 라면을 먹을수록 열대 우림이 사라지거든요. 2017년 기준, 인도네시아의 팜나무 농장은 11만 7000제곱킬로미터나 돼요. 10만 188제곱킬로미터인 대한민국 면적보다 더 넓죠.

"우리는 압니다. 땅은 인간의 것이 아니라 오히려 인간이 땅에 속해 있지요. 우리는 압니다. 가족이 한 핏줄로 묶이듯 만물은 하나로 이어져 있죠. 대지에 무슨 일이 닥치면 그것은 대지의 자식에게도 닥치게 됩니다." 아메리카로 건너온 유럽인들이 원래 그 땅에 살던 인디언들에게 땅을 넘기라고 요구하자 시애틀 추장은 그렇게 응수했답니다. 인류의 지혜로운 조상들은 '만물이 하나로 이어져 있다'는 사실을 잊지 않았죠.

그러나 우리는 그런 지혜를 잊고 살아요. 모두가 연결돼 있다는 사실은 여태껏 관념에 가까웠어요. 인터넷을 통해 먼 나라 사람들의 일상을 속속들이 들여다볼 수 있게 됐지만, 여전히 먼 나라의 일이었을 뿐이었으니까요. 그러다 코로나19가 전 세계를 덮쳤지요. 각국은 공항을 닫고 국경을 걸어 잠갔죠. 다른 사람과의 2미터 이상 거리 두기는 역설적으로 우리가 얼마나 가까운 존재인지 깨닫게 했어요. 내가 내쉰 공기가 누군가의 폐로 들어가고, 누군가 내쉰 공기가 내 폐로 들어오죠. 서로의 숨이 섞이고 스민답니다. 모두가 서로에게 연결되어 있다는 건 관념이 아니라 사실이었던 거죠. 코로나19는 현대인이 하나로서의 인류를, 전체로서의 지구를 실감하게 해 준 사건이 아닐까 싶어요.

우리는 서로 연결돼 있습니다. 사람과 물자와 정보가 자유롭게 국경을 넘나들며 세계를 묶고 있어요. 사람과 사람뿐만 아니라 사람과 자연, 자연과 자연도 이어져 있지요. 우리 눈에는 보이지 않지만 커다란 끈이 서로를 묶고 있답니다.

사진은 1984년 촬영된 인류 최초로 생명 연결줄 없이 우주를 유영하는 모습이랍니다. 저는 이 사진을 볼 때마다 숙연해집니다. 한 겹 우주복에 의지해서 우주를 둥둥 떠다니는 우주인. 지구의 주인

인 양 거들먹거리지만, 인간은 우주복 없이는 우주에서 한순간도 머물 수 없죠. 이 한 장의 사진은 인간이 얼마나 나약한지 잘 보여 줍니다.

더불어 인간이 존재하기 위해서 다른 것들에 얼마나 의존해 왔는지도 보여 주지요. 땅, 공기 등 우리를 둘러싼 모든 것이 우리를 살아 있게 만듭니다. 사진은 '생명은 빛이다. 그런데 빛이자 빚이다. 삶은 빚이다.'라고 말하는 것 같아요. 땅과 공기처럼 우리를 둘러싼 모든 것이 우리를 살아 있게 만든답니다. 또, 우리는 모두 다른 이의 노동과 활동에 기대어 살아가죠. 누구도 자급자족하며 살 순 없어요.

모두가 이어져 있다는 사실을 깨닫고 모두가 잘사는 세상을 만들려고 함께 애쓰는 사람이 바로 민주 시민이며 또 세계 시민입니다. 나의 행동과 세계와의 관계를 깨닫고 지구촌 공동체의 구성원으로서 책임감 있게 행동하는 사람이 세계 시민이죠. 이 책을 통해 여러분이 민주 시민이자 세계 시민에 한 걸음 다가갈 수 있길 바랍니다.

2021년 9월
오승현

차례

여는 글 – 우리는 서로 연결되어 있다 4

1 난민
세상에서 가장 위험한 여행 12
제주도에 온 예멘 사람들 22

2 빈곤과 사회 복지
인사도 없이 떠납니다 32
세 모녀의 죽음, 막을 수 없었을까? 42

3 발달 장애와 돌봄
내가 위성이라는 걸 받아들이기까지 52
돌봄 감옥의 비극 62

4 페미니즘
나의 탈코르셋 연대기 72
예뻐 보이고 싶은 게 나의 의지일까? 82

5 다문화와 인종 차별
나는 까만 한국인 92
다름이 공존하는 사회 104

6 민주주의
촛불의 바다에 뜬 섬 114
촛불을 들고 거리로 나온 사람들 126

7 최저 임금
아르바이트비 탈환 작전 136
노동의 값은 얼마여야 할까? 146

8 젠트리피케이션
내 이름은 서촌 156
삶의 터전을 떠나야 하는 사람들 166

이 지구별 위에서 인간은 이래저래 난민일 수밖에 없어.

−표명희, 《어느 날 난민》 중에서

세상에서 가장 위험한 여행

"야스민! 일어나. 지금 떠나야 해."
엄마가 다급한 목소리로 잠자는 아이를 깨웠다.
"엄마."
아이는 졸린 눈을 비비며 엄마를 불렀다.
"나 화장실……."
"얼른 갔다 와."
아이는 잠이 덜 깬 채로 화장실로 향했다. 멀리서 포성과 총성이 울렸다. 그 소리가 점점 가까워질수록 엄마의 가슴도 세차게 방망이질했다. 머릿속에는 빨리 이곳을 벗어나야 한다는 생각뿐이었다.

"엄마, 저거 천둥소리야?"

볼일을 보고 온 아이는 포성을 천둥소리로 착각했다.

"군인들이 대포를 쏘는 소리야."

엄마가 다급히 대답했다.

"야스민, 책가방에 짐을 쌀래? 꼭 필요한 것만 챙기렴."

"근데, 엄마! 우리 어디 가는 거야?"

프라이팬 위의 콩처럼 엄마 마음은 타닥타닥 타들어 갔다.

"지금은 어서 집을 나서야 하니까 먼저 짐부터 챙겨. 나중에 설명해 줄게."

곰돌이 인형을 꼭 끌어안은 채 아이가 물었다.

"곰돌이 데려가도 돼?"

잠시 생각에 잠긴 엄마는 고개를 끄덕였다.

"대신 하나만 가져가야 해."

엄마는 아무래도 짐을 줄여야 한다고 생각했다.

"어…… 그럼 뭘 가져가지?"

아이는 고민에 빠졌다. 곰돌이 인형은 '뽀'와 '뿌' 둘이었다. 아이는 낮에는 뽀와 놀았고, 밤에는 뿌를 안고 잤다. 아이는 둘을 놓고 한참을 고민하더니 이윽고 '뽀'를 챙겼다.

"뿌야 미안해. 나중에 꼭 데리러 올게."

뿌를 남겨 두고 가는 게 미안했던지, 아이는 뿌의 양옆으로 장난감들을 줄지어 앉혀 놓았다.

"곧 다시 만나자. 그때까지 친구들이랑 잘 놀고 있어……."
"야스민, 이제 진짜 가야 해."
엄마는 아이의 손을 잡아끌었다. 엄마와 아이는 꼭 필요한 물건만 대충 챙겨서 황급히 마을을 빠져나왔다. 두 사람은 마을 외곽에서 간신히 버스에 몸을 실었다.
"야스민, 이제 좀 자 두렴."
말은 그렇게 했지만, 갑자기 긴장이 풀린 탓에 엄마가 먼저 잠들고 말았다. 엄마는 아이를 꼭 끌어안은 채 잠들었다.
엄마와 아이를 태운 버스는 몇 날 며칠이나 구불구불한 길을 쉼 없이 달렸다. 빨갛게 불타오르는 산을 지나기도 했고, 길가에 즐비하게 쌓인 시체를 만나기도 했다.
총을 든 남자들이 이따금 버스를 세우고 안을 살폈다. 그럴 때마다 아이는 엄마 품속으로 파고들었다. 남자들의 눈빛은 불타는 산처럼 이글거렸다.
"괜찮아. 아무 일도 없을 거야."
엄마는 아이의 어깨를 힘껏 감싸 안았다. 무섭기는 엄마도 마찬가지였다.
"엄마, 우리 이제 집에 갈 수 없어?"
"당분간은 어려울 거야."
"얼마나 자면 갈 수 있어?"
아이는 몇 밤만 자면 집으로 돌아갈 수 있길 바라며 물었다.

"아마 수백 번은 자야 갈 수 있을걸. 어쩌면 수천 번이 될지도 모르고……."

"수천 번?"

"응."

아이는 믿기지 않는다는 듯이 되물었다.

"정말 수천 번이나?"

"사실, 엄마도 정확히 모르겠어. 어쩌면 수천 번이 될 수도 있다는 거야."

어쩌면 집으로 영영 돌아갈 수 없을지도 모른다. 엄마는 차마 그 말은 하지 못했다.

"아, 수천 밤을 언제 잔담?"

혼잣말하듯 중얼거리던 아이는 금세 시무룩해졌다. 이웃 친구들인 마하와 린과 작별 인사도 하지 못하고 집을 떠났는데, 친구들을 만나려면 아주 긴 시간이 걸린다고 생각하니 온몸에 힘이 빠졌다.

뿌도 마음에 걸렸다. 침대에 혼자 남겨 둔 뿌를 생각하면 기운이 더 빠지는 듯했다. 장난감 친구들이 옆에 있어 그나마 다행이라 생각했지만, 마음은 편치 않았다.

"더 일찍 집으로 돌아갈 수 있으면 좋으련만, 엄마도 어쩔 수가 없네."

엄마는 아이가 실망한 걸 눈치챘지만 딱히 위로해 줄 방법이 없었다.

"엄마."

"응?"

"마하랑 린, 뿌, 모두 잘 있겠지?"

"아마 그럴 거야."

"아빠도 곧 만날 수 있는 거지?"

"그럼, 그렇고말고. 곧 다시 만나게 될 거야."

아빠는 멀리 사는 할아버지와 할머니를 모시러 며칠 먼저 집을 나섰다. 나중에 다시 만나기로 약속이 돼 있었다. 아이는 세상에서 자기를 가장 사랑하는 아빠를 곧 만날 생각을 하자 기분이 조금 나아졌다. 또한 자기를 무척 아끼고 예뻐하는 할아버지와 할머니도 곧 볼 수 있다고 생각하니 한결 기운이 났다.

할아버지와 할머니를 떠올리자 얼른 만나고 싶어졌다. 할아버지는 밤늦도록 재미있는 이야기를 들려줬다. 아이는 할아버지의 무릎에 누워 이야기를 듣는 걸 좋아했다. 할머니는 아이에게 맛있는 음식을 많이 만들어 줬다. 할머니에게선 늘 기분 좋은 향기가 났다.

어느 날, 아이는 할머니에게 좋은 냄새의 비밀을 캐물었다.

"이건 야스민 너한테만 알려 주는 거야. 비법은 바로 너란다."

"네? 저요? 제가 뭘 했는데요?"

"호호호. 매일 아침, 이 할미는 야스민*꽃을 따서 가슴 안쪽에 넣어 둔단다. 그러면 하루 종일 야스민의 은은한 향기가 몸에서 퍼지지."

향기의 비밀이 내 이름과 같다니, 할머니의 말을 들은 아이는 왠지 뿌듯한 마음이 들었다. 직접 해 보고 싶었지만, 자기는 할머니와 달리 가슴이 판판하다는 사실을 깨닫고는 이렇게 말했다.

"나중에 어른이 되면 저도 꼭 해 볼래요."

행복했던 지난날에 대한 생각도 잠시, 문득 아이는 한 가지 궁금증이 생겼다.

"근데, 엄마. 우리는 왜 집을 떠난 거야?"

"……."

엄마는 뭐라 답해야 할지 몰랐다. 엄마도 누군가에게 묻고 싶었다. 왜 도망치듯 고향 마을을 떠나야 했는지. 지금의 상황에 대해서, 그리고 앞으로 닥칠 상황에 대해서 누구든 붙잡고 따져 묻고 싶었다. 그러나 그럴 수 없었다. 버스에 탄 모두가 영문도 모른 채

* 야스민의 영어식 표현이 재스민(jasmine)이야.

집을 떠나야 했으니까.

"우리 가족이 무슨 큰 잘못이라도 했어?"

"아니야……."

엄마는 눈물이 나오려는 걸 꾹 참고 말을 이어 갔다.

"그런 건 절대 아니야. 엄마도, 야스민도 아무런 잘못을 하지 않았어. 누구한테 피해를 준 적도 없고."

"그런데 왜 우리 집에서 살 수 없어?"

"그건 전쟁 탓이야. 어른들이 총칼을 들고 서로 싸우고 있거든. 우리 마을 근처까지 군인들이 몰려오면서 마을이 더는 안전한 곳이 아니게 되었어."

"그런데 우리가 싸우는 건 아니잖아? 우리는 총 같은 것도 없고……."

"맞아. 우리는 싸울 생각도, 무기도 전혀 없지."

"우리는 싸우기 싫다고 사실대로 말하면 안 돼? 당신들이랑 싸울 마음이 없다고 말하면 되잖아?"

"엄마도 그랬으면 좋겠어. 잘 말해서 집으로 돌아갈 수만 있다면……. 그런데 말이야, 야스민. 전쟁이 터지면 총칼을 들지 않은 사람들마저 죽고 다치게 된단다. 싸움에 끼어들고 싶지 않아도, 총알과 포탄이 알아서 그런 사람들을 피해 가는 게 아니거든. 전쟁은 아무런 잘못도 없는, 무고한 사람들을 죽인단다."

아이는 알 듯 모를 듯했다. 착한 이스마엘 삼촌이 총을 맞고 죽은 걸 생각하면 총알이 착한 사람들을 알아서 피해 가는 게 아니라는 엄마의 말을 알 것 같았다. 그러나 한편으로 아무 잘못도 하지 않은 사람들이 왜 죽어야 하는지 이해가 안 됐다. 아이는 답을 찾지 못한 채 스르르 잠이 들었다.

"야스민! 무사했구나?"

"할아버지, 할머니. 보고 싶었어요."

오래지 않아 엄마와 아이는 터키에서 아빠와 할아버지, 할머니를 만날 수 있었다. 만남의 기쁨도 잠시, 야스민 가족은 새로운 여정에 나서야 했다. 고향 시리아를 떠난 그들은 터키를 거쳐 유럽으로 향했다. 터키에는 일자리도 마땅치 않았고, 아이가 다닐 학교도 없었다. 먼저 유럽의 관문인 그리스로 가는 배를 타야 했다. 다행히 야스민 가족이 탄 배는 그리스에 무사히 도착할 수 있었다. 운이 좋았다.

2015년, 아일란 쿠르디라는 세 살 아이가 터키 남서부 휴양지 보드룸 해안에서 숨진 채 발견됐다. 쿠르디 가족이 탄 배가 암초에 부딪혔고, 쿠르디와 엄마, 형 모두 목숨을 잃었다. 2014년 이래 지금까지 2만 명 가까운 난민이 지중해를 건너다 익사하거나 실종됐다. 2018년 기준, 유럽으로 향하는 난민 18명 중 1명이 바다에서 목숨을 잃었다.

제주도에 온 예멘 사람들

　미국의 여론 조사업체 퓨리서치센터는 한국을 비롯한 미국·영국·독일·프랑스 등 주요 14개국의 국민이 기후 변화, 감염병 확산 등 글로벌 쟁점 9가지 항목에 대해 얼마나 위협으로 느끼는지를 조사했어. 9가지 개별 항목이 '국가에 중대한 위협이라고 생각하는가'에 대한 응답 비율을 집계한 조사였지. 한국은 난민과 이민을 중대한 위협이라고 생각하는 국민의 비중이 14개국 가운데 가장 높았어.

　지난 18년간 한국이 난민으로 받아들인 숫자는 708명에 불과해. 708명은 많은 걸까, 적은 걸까? 같은 기간에 독일은 68만 명을 난민으로 받아들였지. 그런데도 독일인들은 난민과 이민을 가장 중대한 위협이라고 생각하지 않아. 독일을 비롯해 벨기에, 스웨덴, 프랑스, 이탈리아, 네덜란드 등 7개 국가에서는 기후 변화를 가장 큰 위협으로 꼽았지.

난민은 왜 생겨날까?

"난민이 뭐야?"
"먼 데서 온 사람들 아닌가?"

"먼 데서 와? 여행 같은 거야?"
"여행은 여행인데, 자발적 여행은 아닐걸……."

아마도 우리가 난민에 대해서 아는 바는 이 정도 아닐까? 난민이란 이를테면 이웃집으로 피신 온 사람들이야. 자기가 살던 집이 위험하기 때문에 돌아가고 싶어도 돌아갈 수 없는 이들이지. 다른 나라에서 살고 싶어 일부러 난민이 되려고 하는 건 아니냐고? 야스민의 경우처럼 난민이 되고 싶어서 된 사람은 거의 없어. 누구도 정든 집을 떠나길 원하지 않잖아? 일부러 난민이 되는 게 아니라 갑자기 닥친 어려움 때문에 어쩔 수 없이 난민이 되지. 전쟁과 폭력을 피해서 자기가 가진 모든 것을 남겨 둔 채 떠나온 사람들이 난민이야.

난민은 왜 생겨나는 걸까? 난민이 발생하는 나라들은 공통점이 있어. 대개 오랫동안 식민 지배를 받았다는 점, 그리고 이후 독재자가 등장해 정치적 탄압을 일삼았다는 점이야. 또한 내전으로 인해 한순간 삶의 터전에서 쫓겨난 이도 많아. 독재 국가나 내전 중인 국가는 난민이 생겨나는 주된 원인이야.

난민들을 위해 일하는 유엔난민기구는 전 세계 난민 수가 2018년 기준 7000만 명에 이른다고 발표했어. 우리나라 인구보다 2000만 명이나 더 많아. 지난 70년간 난민 규모를 집계한 이래 최대 규모지. 전 세계에서 1분마다 25명의 난민이 발생하고 있어.

난민을 대하는 우리의 자세

유엔난민기구 자료에 따르면, 세계 190개국의 평균 난민 인정률은 30퍼센트 정도야. 난민 신청자 10명 중 3명 정도가 난민 지위를 인정받는다는 거지. 난민을 가장 많이 받아들이는 나라는 독일이야. 최근 18년간 난민으로 인정받은 사람만 68만 9961명이지. 같은 기간 우리나라의 난민 인정률은 3.5퍼센트에 불과했어. 100명이 난민을 신청하면 고작 3명만이 난민 지위를 인정받은 거야. 그 기간에 고작 708명만이 난민으로 인정받았어.

2018년 6월, 우리나라에서 8000킬로미터나 떨어진 중동 예멘에서 500명의 사람들이 한꺼번에 제주도로 입국했어. 그러자 난민 문제가 불거졌지. 같은 해 6월 12일 청와대 게시판에 예멘 난민을 받아들이지 말라는 '국민청원'이 올라왔어. 청원자는 예멘 난민들이 대부분 무슬림(이슬람교를 믿는 사람)인데 "무슬림들은 여자를 사람으로 보지 않고", 그래서 "성범죄는 불 보듯 뻔한 일"이며, "테러 위험 국가가 되는 건 순식간"이라고 주장했어. 난민 문제가 인도적 사안이 아니라 범죄 예방의 문제로 둔갑한 거야. 결국 500명 중 난민으로 인정받은 사람은 단 2명뿐이었어.

제노포비아와 GDP 인종주의

우리나라가 난민 수용에 인색한 이유는 무엇일까? 우리 내부에 낯선 사람에 대한 두려움, 이질적인 것에 대한 거부감이 크게 자리 잡고 있기 때문이야. '제노포비아'라는 말이 있어. 그리스어로 '낯선 사람'을 뜻하는

'제노스(xenos)'와 '공포'를 의미하는 '포보스(phobos)'를 합친 말이야. 이는 이방인, 즉 다른 문화권에서 온 사람을 혐오하는 현상을 의미해. 한국 사회에는 제노포비아가 만연해 있어.

하지만 이것만으로는 다 설명이 안 되지. 난민들은 대개 내전 등을 겪는 가난한 나라 출신이 많아. 이 점도 한국인이 난민을 무시하는 주된 이유 중 하나일 거야. 난민을 멀리하는 바탕에는 인종주의, 물질만능주의 등의 왜곡된 가치관이 깔려 있어. 단일민족에 대한 집착, 타인종에 대한 편견, 그리고 'GDP* 인종주의'가 결합해서 난민을 거부한다고 볼 수 있어.

홍세화 전 난민인권센터 이사장은 한국인에게 GDP 인종주의가 있다고 지적했어. GDP 인종주의란 한국보다 GDP가 높은 나라들, 가령 유럽이나 미국 등에서 온 이방인(난민이든 이주 노동자든)에게는 호의적인 반면에 GDP가 낮은 나라들, 가령 동남아시아나 아프리카 등지에서 온 이방인은 비하하고 차별하고 혐오하는 태도를 가리키지. 홍세화 이사장은 "우리 사회는 외국인이든 누구든 그 개인을 보는 것이 아니라 그 출신국의 국민 소득을 통하여, 국민 소득이 우리보다 낮은 나라 출신이면 깔본다."고 말했어.

※ 국내 총생산을 뜻하는 GDP는 한 나라의 경제 규모를 나타내는 대표적인 수치야. 전체 GDP를 인구수로 나누면 그 나라의 1인당 GDP가 나오는데, 이를 토대로 국민 소득을 가늠할 수 있어.

난민은 우리에게 위험할까?

어린이들에게 "난민은 어떤 사람일까?" 하고 질문해 보면 범죄자, 도망자 등의 답변이 많다고 해. 예멘 난민이 화제가 되었을 때도 "난민이 들어오면 범죄율이 높아진다."는 가짜 뉴스가 널리 퍼졌어.

난민이 들어온다고 범죄가 더 늘어나는 건 아니야. 난민은 처음부터 난민이었을까? 난민은 난민이 되기 전까지 우리와 똑같은 평범한 사람들이었어. 교사, 요리사, 기술자, 언론인 등 다양한 직업을 가진 다양한 사람들이었지. 원래부터 범죄자도 아니었고, 갑자기 범죄자가 될 이유도 없어.

2012년부터 2016년까지 인구 10만 명당 검거된 범죄자는 내국인 3368명, 외국인 1441명이었어. 외국인이 내국인의 절반에도 못 미쳤어. 현실이 이런데도 사람들은 난민을 포함한 외국인의 범죄율이 절대적으로 높다고 생각하지. 언론과 미디어에서 다른 사실을 부각하기 때문이야. 인구당 범죄는 내국인이 외국인(난민 포함)보다 2배나 더 많이 저지르는데, 범죄 보도는 오히려 외국인 범죄에 집중돼 있거든. 보도할 때도 '외국인 또 흉기 난투극' 이런 식의 자극적인 제목을 달기 일쑤야. '또'라고 표현하면 외국인 범죄가 자주 발생한다는 인상을 줄 수 있어.

편견을 거두면 보이는 것들

사람들은 난민을 받아들이면 비용이 많이 든다고 생각하지. 혹은 난민들이 일자리를 뺏어간다고 주장하기도 해. 과연 그럴까?

먼저, 난민은 단기적으로 교육이나 보건 서비스의 혜택을 받지만 장기적으로 노동력을 제공하고 세금도 납부하지. 특히 난민을 포함한 이민자는 낮은 출산율로 인구 감소가 예상되는 한국 사회에 중요한 밑거름이 될 수 있어. 우리나라의 저출산 문제는 매우 심각한 수준이야. 지금의 출산율이 계속된다면 한국은 2750년경에 사라지게 돼. 출산율을 끌어올리기 어렵다면 난민 정책을 포함한 이민 정책의 변화가 필요하지 않을까?

'안 그래도 일자리가 부족한데 난민이 일자리를 빼앗는다.'는 생각도 근거가 부족하기는 마찬가지야. 난민을 포함한 이주 노동자와 한국인 노동자가 일자리를 놓고 경쟁하는 일은 많지 않아. 2018년 말 400여 명의 예멘 난민이 인도적 체류를 허가받았는데, 당시 이들의 체류에 가장 관심을 보인 곳이 어디였을까? 놀랍게도 조선소였어. 조선소 입장에서 난민들은 젊고 값싼 노동력이었거든. 우리나라에서 어렵고(difficult) 더럽고(dirty) 위험한(dangerous) 일, 흔히 '3D 업종'이라고 불리는 일은 오랫동안 이주 노동자들의 몫이었지.

우리도 난민인 적이 있었다

2018년 개봉해 994만 명의 관객이 본 영화 〈보헤미안 랩소디〉. 영화 속 주인공은 영국 록 밴드 퀸의 보컬리스트인 '프레디 머큐리'야. 프레디 머큐리도 난민 2세였어. 아프리카 탄자니아에서 나고 자랐으며, 인도로 이주해 학교를 다녔지. 인도계에 대한 박해를 피해 도망친 곳이 바로 영국이었고, 그곳에서 결성한 밴드가 바로 전설적인 록 밴드 '퀸'이었어.

작곡가 쇼팽 역시 폴란드 독립을 바라던 난민이었지. 폴란드의 혁명이

실패하자 프랑스로 망명해 생을 보냈어. 이들 말고도 많은 위인과 저명인들이 난민의 삶을 살아야 했지. 역사상 가장 유명한 난민은 예수 그리스도일 거야. 유대인 예수는 유대 왕 헤롯의 박해를 피해 태어나자마자 부모의 품에 안겨 이웃나라로 피신해야 했던 난민이었어.

  사실 우리 역시 난민의 역사를 간직하고 있어. 1919년 4월 11일, 중국 상하이에 임시정부가 수립됐지. 임시정부는 일종의 망명 정부였어. 독립운동가들은 대부분 난민이었지. 김구, 안중근 등이 난민 생활을 했어. 초대 대통령인 이승만 전 대통령과 김대중 전 대통령도 모두 미국으로 망명한 난민이었어. 유명한 몇몇 인물만 도움을 받은 게 아니야. 정확히 65년 전 한국에는 무려 600만 명의 피난민*이 발생했어. 그러자 유엔은 유엔한국재건단을 설립해 구호와 원조를 제공해 난민 구호 활동을 벌였어.

  누구나 난민이 될 수도 있어. 단지 우리는 운이 좋아서 대한민국에서 안전하게 살아가는 것뿐이야. 2020년 9월 9일, 독일 베를린에서 수천 명이 모여서 구호를 외쳤어. 그들이 외친 구호는 "당장 난민을 데려와라."였지. 베를린뿐 아니라 독일의 40여 개 도시에서도 동시다발로 시위가 열렸어. 그들이 난민을 데려오라고 외친 이유는 하루 전 발생한 그리스 난민 수용소의 화재 때문이었어. 수용소 대부분이 잿더미로 변한 탓에 난민들이 있을 곳이 없어졌거든. 독일인들은 "우리에게 (난민이 머물) 자리가 있다."라고 외쳤어.

✱ 피난민도 난민이냐고? 국경을 넘는 난민이 많긴 하지만, 유엔난민기구는 국경을 넘지 않더라도 집을 떠날 수밖에 없다면 난민으로 분류해. 그러니까 조국을 떠난 사람 말고도 거주지를 벗어날 수밖에 없는 사람도 난민인 셈이지. 살기 위해 살던 곳을 떠날 수밖에 없는 이들은 모두 난민이야.

빈곤을 몰아내는 것은 자선의 몸짓이 아니다.
그것은 정의의 행동이다.
그것은 근본적 인권, 존엄과 품위 있는 삶을 위한
권리를 보호하는 것이다.

-넬슨 만델라

빈곤과 사회 복지

주인아주머니께…….
죄송합니다.
마지막 집세와 공과금입니다.
정말 죄송합니다.

엄마는 주인아주머니 보라고 봉투 겉면에 몇 자를 적어 넣었다. 봉투에는 방세 50만 원과 전기, 가스, 수도 요금 등을 어림한 20만 원을 더해 총 70만 원을 담았다.
　엄마는 번개탄에 불을 붙여서 침대 밑에 놓아두었다. 두 딸은 창문에 청색 테이프를 둘러쳤다. 그렇게 하면 연기가 새어 나가지 않을 거라면서. 테이프를 붙인 딸들은 몇 주 전 길에서 주운 새끼 고양이를 쓰다듬었다.

"따뜻한 곳에서 다시 만나자."

작은딸이 고양이를 쓰다듬으며 나지막이 속삭였다.

고양이를 길에 다시 놓아줄까도 생각했지만, 엄동설한에 얼어 죽을 것 같아 차마 그러지 못했다. 침대 머리맡 종이 상자에 새끼 고양이를 넣어 주었다.

이제 모든 준비가 끝났다.

엄마와 두 딸은 큰방 침대에 함께 누웠다. 막상 죽기로 마음먹으니까 이상하게 떨리지 않았다. 엄마와 두 딸은 두런두런 이야기를 나눴다.

"엄마, 그때 기억나?"

"언제?"

"나 일곱 살 때. 둘째랑 서로 엄마 차지하겠다며 막 싸웠던 거?"

"기억나지. 그걸 어떻게 잊겠니?"

"언니 일곱 살 때? 그럼 난 네 살 때네?"

가만히 듣고 있던 작은딸이 끼어들었다.

"너희 둘이 울고불고 난리가 아니었어. 네가 언니 머리카락을 쥐어뜯고."

✱ 송파 세 모녀의 죽음을 다룬 《죄송합니다, 죄송합니다》(김윤영·정환봉, 북콤마, 2014)를 참고.

엄마는 그때를 생각하며 미소 지었다.

"헤, 그런 일이 있었어? 난 하나도 기억 안 난다."

번개탄에서 서서히 연기가 피어오르기 시작했다. 이윽고 메케한 연기가 입과 코로 들어왔다.

"콜록콜록!"

순간 참기 힘들었다. 엄마와 두 딸은 서로를 꽉 감싸 안았다. 그렇게 그들은 숨을 거두었다. 2014년 2월 어느 추운 날에 벌어진 일이다.

자기 인생이 자살로 끝날 거라고 생각하는 사람이 얼마나 있겠나? 세 모녀도 그랬다. 어쩌다 보니 가진 돈 없이 빚만 잔뜩 졌다. 세 모녀의 잘못이 아니었지만, 갚지 못한 빚은 신용 불량자라는 족쇄를 달아 주었다. 족쇄는 취업길을 막았다. 헤어날 수 없는 악순환이었다.

허름한 한쪽 벽면에 걸린 액자 속 사진은 단란한 한때를 담고 있었다. 사진 속에서 엄마, 아빠, 두 딸은 환하게 웃고 있다.

2002년 아빠가 방광암으로 세상을 떠났다. 오랜 투병 생활 끝에 마침내 아빠는 눈을 감았다. 투병 생활은 고통스러웠지만, 마지막 눈감은 모습은 평화로워 보였다.

'그래, 여보. 이제는 편히 쉬어. 그동안 고생 많았어.'

엄마는 눈감은 남편을 보며 마지막 인사를 건넸다.

투병 생활이 길어지면서 가족들은 초조해졌다. 딸들은 엄마를 볼 때마다 묻곤 했다.

"엄마, 병원비 얼마나 나왔어?"

엄마는 딸들을 안심시키려고 이렇게 답했다.

"너희는 걱정 안 해도 돼. 엄마가 알아서 할게."

그러나 투병 생활이 길어지면서 아빠 병원비는 눈덩이처럼 커졌다. 엄마가 더 이상 감당할 수 없는 수준까지.

딸의 전화벨이 울렸다. 엄마였다.

"엄만데…… 혹시 너 모아 놓은 돈 좀 있니?"

큰딸은 몰래 모아 두었던 비상금을 탈탈 털어 엄마에게 건넸다.

이후로도 엄마는 병원비를 마련하느라 애가 탔다. 결국 부족한 병원비와 생활비는 딸들의 카드로 결제할 수밖에 없었다. 연체에 연체가 계속되다 급기야 두 딸은 신용 불량자가 되었다.

아빠가 세상을 떠난 뒤 남은 가족은 거처를 옮겼다. 보증금 500만 원에 월세 38만 원짜리 10평 남짓한 곳이었다. 나중에 월세는 50만 원으로 올랐다. 세 사람이 살기에는 비좁았지만, 그래도 세 모녀는 꿋꿋이 버텼다.

큰딸은 아예 일을 할 수 없었다. 당뇨와 고혈압을 앓는 탓에 직장 생활 자체가 힘들었다. 그러나 병원도 가지 못했다. 병원비가 없었기 때문이다. 매달 5만 원씩 건강보험료를 내고 있었지만, 병원비가 없어서 병원을 찾지 못했던 것이다. 병원에도 못 가고, 약도 못 먹어서 큰딸의 병은 점점 더 심해졌다.

작은딸은 아르바이트를 하며 돈을 벌었지만, 한곳에서 오랫동안 일하지 못했다. 작은딸의 꿈은 만화가였다. 틈틈이 만화를 그리고 취업 준비를 하느라 꾸준히 일하기 어려웠을 것이다. 그러나 취업은 쉽지 않았다. 신용 불량자라는 족쇄가 발목을 잡았다.

결국 생계는 고스란히 엄마가 감당해야 할 몫이 되었다. 엄마는 집 근처 식당에서 일했다. 한 달 수입은 150만 원 남짓. 150만 원을 벌어서 집세와 공과금 등을 내면 손에 쥐는 돈은 고작 80만 원이었다. 세 식구가 그 돈으로 한 달을 버텨야 했다.

엄마는 한 푼이라도 아낄 생각으로 꼼꼼히 가계부를 적었다. 엄마의 가계부는 10원 단위까지 꼼꼼하게 기록돼 있었다.

지출	11.4	활명수, 박카스, 소화제(10,700)
지출	11.6	싱크대마개(2,000), 순댓국(8,000), 라면, 우유, 소시지(4,270)
지출	11.7	식빵(1,950), 잉크(8,000), 오뎅(2,200), 떡(3,000)
지출	11.8	프리마(3,140), 바지락(6,000)
지출	11.9	음식물쓰레기봉투(1,300), 식빵(1,000), 주스(2,450), 우유(1,050), 미역(1,550), 꽁치(1,900), 마요네즈(2,180), 콜라(900), 상추(1,740), 깻잎(500), 햄(2,110)
지출	11.20	우유(700), 쑥갓(930), 콜라(1,800), 호빵(4,000), 상추(1,850), 깻잎(500)
지출	11.21	족발(19,000)
지출	11.22	왕뚜껑(2,040), 소시지(1,000), 후랑크(1,000)
지출	11.23	우유(2,140), 소주(4,400), 참치(1,880), 요구르트(990)

가끔 족발을 먹는 게 세 모녀에게는 거창한 외식이었는지 모른다. 그러나 아무리 아껴 써도 한 달을 간신히 버티고 나면 수중에 남는 돈이 없었다.

가난했지만 엄마와 두 딸은 서로를 의지하며 하루하루를 버텼다. 그러다 그 일이 터지고 말았다. 엄마는 2014년 1월 말께 식당일을 마치고 집으로 돌아오다 빙판길에 미끄러져 오른팔을 다쳤다. 엄마는 팔에 깁스를 해야 했다. 깁스를 하고서는 일을 할 수 없었다. 결국 하나뿐이던 가족의 소득이 끊기고 말았다.

"산재 보험* 신청이라도 하는 게 좋지 않겠어요?"

식당 주인이 엄마에게 물었다.

"괜찮습니다."

엄마는 식당 주인에게 폐를 끼치고 싶지 않아 그렇게 답했다.

'내가 집에 오다 그런 건데, 사장님한테 피해를 줄 순 없지.'

엄마는 늘 그런 식이었다. 절대로 남한테 폐 끼치며 살지 말자는 생각이었다.

사고가 있기 얼마 전에 엄마의 남동생이 엄마에게 전화를 걸어 왔다.

"누나, 요즘 어떻게 지내?"

✤ 산업 재해 보상 보험. 업무와 관련해서 노동자에게 발생한 질병, 부상, 사망 등의 재해를 보상하기 위한 보험 제도야.

"늘 그렇지. 잘 지내고 있어."

엄마는 짐짓 태연하게 말을 이었다.

"넌, 어때? 별일 없지?"

"응. 별일 없어. 누나, 힘들고 어려운 일 있으면 언제든 얘기해."

"그래, 그런 거 있으면 얘기할게. 내 걱정은 마!"

엄마는 막상 어려운 일이 닥쳤는데도 남동생에게 그렇게 말했다. 남동생 형편을 뻔히 알기에 손을 벌릴 수 없는 노릇이었다.

집세를 내고 나면 다음 달 생활비가 없었다. 은행 잔고는 이미 오래전에 바닥난 상태였다. 딸들은 모두 신용 불량자라서 더 이상 카드도 만들 수 없었다. 어찌어찌해서 다음 달 생활비를 해결한다 해도 그달 집세가 또 문제였다.

허름하고 더럽지만 세 모녀에겐 안식처였던 방 한 칸마저 위태위태했다. 세상은 세 모녀에게 '지상의 방 한 칸'조차 너그러이 허락하지 않았다. 그런데도 엄마는 남에게 폐를 끼치며 살고 싶지는 않았다. 결국 엄마는 딸들을 앉혀 놓고 말을 꺼냈다.

"열심히 일하고 누구보다 정직하게 사는데도 가난에서 벗어나지 못하는구나. 그리고 앞으로도 영원히 그럴 것 같다는 생각마저 들어."

엄마는 차분하게 말을 이어 갔다.

"그런데 말이야, 뭐가 어디서부터 잘못됐는지 돌이켜 봐도 도저히 알 수가 없는 거야. 그저 하루하루 열심히 산 것밖에 떠오르는

게 없어. 남을 등쳐 먹은 적도 없고 남에게 폐 끼친 적도 없이 산 죄밖에는. 가난은 죄가 아니라지만, 가난한 사람은 죄인처럼 살아가더구나. 하느님이 있다면 진짜 묻고 싶어. 도대체 우리가 무슨 잘못을 했냐고……. 우리한테 왜 그러는 거냐고…….”

엄마는 울고 있었다.

“실낱같은 희망이라도 있으면 사람은 어떻게든 살아갈 수 있는 것 같아. 그러나 이런 현실이 털끝만큼도 달라지지 않을 거라고 생각되면 살 수가 없어. 살아갈 용기가 없는 게 아니라 더는 버틸 힘이 없는 거야…….”

두 딸도 어깨를 들썩였다. 두 딸의 머릿속에도 떠올랐지만 차마 입 밖으로 꺼내지 못한 말을 엄마가 하고 있었다.

이들이 숨진 채 발견된 건 2014년 2월 26일이었다. 엄마 박 씨는 예순하나, 큰딸 김 씨는 서른여섯, 작은딸은 서른셋의 나이였다.

세 모녀 옆에는 새끼 고양이가 종이 상자 속에 몸을 웅크린 채 숨져 있었다.

세 모녀의 죽음, 막을 수 없었을까?

"죽는 마당에 월세가 뭐가 중요해?"

보통은 그렇게 생각할지 몰라. 그러나 세 모녀는 달랐어. 안타깝게 생을 마감했지만 그들의 죽음에는 존엄함이 깃들어 있었던 거야. 월세는 집주인과의 약속이고, 죽는 순간까지 자기가 한 약속을 지키겠다는 존엄 말이야. 그들은 끝까지 삶에 당당하고자 했어. 그들의 죽음이 많은 이에게 깊은 울림을 준 이유일 거야.

간디는 '빈곤은 폭력 가운데 가장 고약한 폭력'이라고 했어. 가난이 인간의 존엄을 빼앗기 때문일 거야. 가난 때문에 지원을 받기 위해 나의 가난을 증명해야 한다면, 그 과정에서 존엄을 지키기란 쉬운 일이 아니겠지? 1987년 10월 17일, 조셉 레진스키 신부가 "가난한 이들에게 필요한 것은 음식과 옷이 아니라 인간의 존엄이다."라고 외치며 프랑스 트로카데로 광장에 '절대 빈곤 퇴치 운동 기념비'를 세웠지. 유엔은 5년 뒤, 이날을 빈곤 퇴치의 날로 제정했어.

우리 주변의 가난

여기, 또 다른 가난이 있어. "고맙습니다."라는 외마디와 함께 이순식 할아버지는 울음을 터뜨렸어.✱ 할아버지의 사연이 한 언론사에서 소개된 뒤 어떤 후원자가 35만 원을 후원하기로 했다는 말을 전해 들은 뒤였지. 서울 제기동의 쪽방촌 골목. 이곳에 할아버지가 사는, 창문도 없는 한 평 반짜리 쪽방이 있어. 쪽방에는 별도의 화장실이 없어서 인접한 6가구가 화장실 하나를 함께 사용하고 공과금을 나눠 내지.

 할아버지는 2013년 3월, 영구임대아파트 입주를 신청해 당첨됐어. 하지만 기쁨도 잠시, 230만 원이라는 보증금을 마련하기 어려웠어. 보증금 중 일부는 구청의 지원과 대출로 해결했지만, 35만 원이 부족해 입주를 포기해야 하는 상황이었지. 손 벌릴 가족과 친지도, 은행 문턱을 넘을 신용도 없는 할아버지에게 '35만 원'은 큰돈이었어. 영구임대아파트 입주 포기 각서를 쓸 뻔했던 할아버지는 죽음의 문턱까지 갔다 돌아왔지. 죽을 각오로 5일간 아무것도 먹지 않았다고 해. 35만 원이 할아버지를 살린 거야.

 할아버지는 육십 평생을 혼자 살았어. 할아버지에게는 처자식도 일가친척도 없대. 가끔 지독한 외로움이 밀려오면 할아버지는 왕십리 중고품점에서 산 양은 도시락에 밥을 담아 지하철에 몸을 싣는다고 해. 가장 멀리 갈 수 있는 행선지는 천안과 인천이야. 지하철 경로 우대로 최대한 갈 수 있는 곳이 거기까지거든. 그 이상은 경로 우대로 무료 이용이 불가능하지.

✱ 이순식 할아버지 사연은 《황혼길 서러워라》(제정임, 오월의봄, 2013) 참고.

벼랑 끝에 선 사람들

우리나라에는 이순식 할아버지처럼 가난한 어르신이 아주아주 많아. 잘사는 나라들의 모임인 OECD 회원국들 가운데 한국은 노인 빈곤율이 1위야. 노인 빈곤율이 뭐냐고? 전 국민을 소득 순으로 줄 세웠을 때 한가운데에 있는 사람의 소득을 '중위 소득'이라고 해. 노인 빈곤율은 중위 소득의 절반도 벌지 못하는 노인의 비율을 가리켜. 한국에선 먹고살기 위해 평균 72세까지 일해. 길에서 폐지를 줍는 노인이 많은 이유야. 온종일 주워도 몇천 원밖에 벌지 못하지.

OECD 통계 중에서 한국이 유독 두드러진 분야가 또 있는데, 바로 자살률이야. OECD 회원국들의 평균 자살률은 인구 10만 명당 11.5명인데, 한국은 24.7명이나 돼. OECD 회원국 가운데 가장 높은 수준이야. 특히 노인 자살률이 높아. 인구 10만 명당 자살률을 비교해 보면 10대 5.8명, 20대 17.6명, 30대 27.5명, 40대 31.5명, 50대 33.4명, 60대 32.9명, 70대 48.9명, 80대 이상 69.8명으로 자살률이 70대 이후 눈에 띄게 높아지지.

노인들이 자살을 생각하는 이유가 뭘까? 한국보건사회연구원이 2018년 발표한 〈노인 실태 조사〉를 보면 65세 노인의 21.1퍼센트가 우울 증상이 있는 것으로 나타났고, 6.7퍼센트는 자살을 생각한 적이 있다고 답했어. 자살을 생각하는 이유 중 첫 번째가 바로 경제적 어려움이었지. 자살을 생각해 본 적 있는 65세 이상 노인 가운데 27.7퍼센트가 생활비 문제를 꼽았어. 빈곤이 노인들을 죽음으로 내몰고 있는 거야.

가난한 사람들이 가난한 이유

아이들에게 "사람들이 가난하게 사는 이유는 무엇일까요?"라고 물으면, "게을러서요."라는 대답이 돌아오지. 2011년 초록우산 어린이재단이 세계 빈곤퇴치의 날(10월 17일)을 맞아 초등학교 4~6학년 학생 234명을 대상으로 가난에 대한 인식을 조사했어. 결과를 보면, 사람들이 가난한 이유로 '돈을 벌지 않고 게으름을 피워서'라는 답이 31.5퍼센트로 가장 많았고, '직장을 잃어버려서'(27.6%), '잘 배우지 못해서'(17.7%) 등이 뒤를 이었어.

아이들의 생각은 어른에게서 왔겠지? 〈사회 정책에 대한 국민 의식 이해〉라는 보고서에 따르면, 빈곤 원인에 대해서 5점 만점에 개인의 노력 부족(3.3점)과 개인의 책임감 부족(3.3점)이 일자리 부족(3.1점)과 교육 기회 부족(2.9점) 등 사회적 여건을 강조한 응답보다 많았어. 일부 부자들은 "가난한 사람들 때문에 우리나라가 더 발전하지 못한다. 다 무식하고 게으르고 능력 없는 그 사람들 탓이다."라고 가난한 이들을 비난하지. 가난한 이들이 미련하고 나태하고 무능력해서 가난한 것이며, 더 나아가 국가 발전을 가로막는다는 거야.

"당신의 가난은 오로지 당신의 책임입니다." 사회는 그렇게 말하고 있어. 가난의 원인을 개인의 무능력과 무책임에서 찾는 거야. 그런 편견 탓에 가난한 이들에게 부당한 차별이 가해지지. 개인의 잘못된 습관이 빈곤에 영향을 미칠 수 있지만, 빈곤을 오롯이 개인의 탓으로 돌려서는 안 돼. 개인의 잘못된 습관을 빈곤의 주된 원인으로 여기는 사고는 편견에 불과해. 그런 나쁜 습관이나 태도는 가난한 이들뿐 아니라 모든 사람에게서 나타날 수 있는 특징이거든.

가령 음주와 빈곤의 관계를 볼까? 2010년 기준으로 한국에서 소득 하위 20퍼센트에 해당하는 세대주의 음주율은 52.93퍼센트로 가장 낮았어. 반면 소득 상위 20퍼센트에 해당하는 세대주의 음주율은 84.23퍼센트로 가장 높았지. 주 2회 이상 술을 마시는 고위험 음주자 비율은 하위 20퍼센트와 상위 20퍼센트가 거의 차이가 없었어. 미국과 인도 등지에서 3만 5567가구의 빈곤 경로를 추적한 연구에 따르면, 음주나 게으름 때문에 빈곤에 처한 경우는 가난한 이들 가운데 5퍼센트도 되지 않았지.

그들을 탓하지 마라

과수원에서 몰래 사과를 따던 두 아이가 과수원 주인이 나타나자 도망쳤어.
한 아이는 붙잡혔고, 다른 아이는 붙잡히지 않았어.
그런데 붙잡히지 않은 아이는 집으로 가는 길에 다리가 무너져 물에 빠지고 말았지.
그 아이가 사과를 훔치지 않았어도 다리가 무너졌을까?

심리학자 피아제가 6~12세 아이들에게 들려준 이야기야. 아이들은 어떻게 대답했을까? 6세 아이들 중 86퍼센트는 사과를 훔치지 않았으면 괜찮았을 거라고 답했어. 7~8세는 73퍼센트, 9~10세는 54퍼센트, 11~12세는 34퍼센트가 그렇다고 대답했지.

이 실험을 소개한 이유는 우리가 엉뚱한 곳에서 문제의 원인을 찾는다는 사실을 보여 주기 위해서야. 우리는 문제의 원인을 문제가 발생한 당사자에게서 찾는 경향이 있어. 당사자와 문제 사이에 관련이 없을 때도 말이야. 비슷한 관점에서 우리는 가난한 이들이 게을러서 가난하다고 생각하지. 가난한 사람에게 가난이라는 결과의 책임을 전적으로 떠넘기는 거야.

처음부터 가난하면 노력해도 가난에서 벗어나기 어렵지. 막노동으로 생계를 이어 가는 이들은 보통 새벽 4시에 깬다고 해. 새벽 인력 시장에서 일을 구하려면 그 시간에 일어나 5시까지는 가야 하거든. 그 시간에 버스를 이용하는 사람들은 나이 지긋한 어르신이 많아. 대부분은 새벽 일찍 일터로 출근하는 분들이야. 때로는 잘살려고 애쓸수록 가난의 질곡으로 더 깊이 빠져들기도 해.

게으른 게 아니라 게을러 보이는 것

그렇다면 가난한 나라에서 빈둥거리며 지내는 경우는 뭘까? 그건 그들이 원래부터 게을러서가 아니라 할 일이 없기 때문이지. 가난한 나라에는 일자리가 넉넉하지 않아. 따라서 실업이나 준실업 상태에 있는 사람이 많아. 준실업이란 일자리는 있지만 벌이가 일정치 않고 고용이 불안정한 상태를 뜻해. 이 경우에도 게을러 보이기 십상이야.

게으르다고 생각한 이들에게 충분한 일자리를 제공하면 어떨까? 그들은 누구보다 열심히 일할 거야. 이는 일자리가 넉넉하지 않은 가난한 나라 출신의 사람들이 부자 나라로 이민 가서 현지인들보다 더 열심히 일하는 모습에서도 확인할 수 있어.

 문제는 가난이 아니야. 게을러서 일하지 않는 사람도 있지만, 일하고 싶어도 일이 없어서 못 하는 사람도 많아. 가난한 개인에게 모든 책임을 떠넘겨선 안 돼. 개인을 넘어선 구조를 볼 필요가 있어. 개인이 처한 사회적 환경과 구조 말이야.

인간다운 생활을 누릴 권리

 가난한 이들에겐 가난을 극복할 수 있는 '패자 부활전'이 필요해. 그게 뭐냐고? 사회 복지와 같은 사회 안전망이겠지. 사회 복지는 크게 세 가지로 이해할 수 있어. 첫째는 가난한 사람을 돕는 공공 부조, 둘째는 출산·양육·실업·노령·장애·질병·사망 등 사회적 위험으로부터 국민을 보호하는 사회 보험, 셋째는 간병·간호·가사·보육·노인 수발·장애인 교육 등 국민의 삶을 향상시키는 데 필요한 사회 서비스야. 공공 부조, 사회 보험, 사회 서비스는 사회적 위험으로부터 국민을 보호하고 국민의 인간다운 삶을 보장하기 위해 마련된 제도들이야.

 그런데 왜 가난한 이들을 지원하는 게 당연한 일이 아니라 은혜를 베푸는 일처럼 여겨질까? 가난한 이들이든, 병들고 아픈 이들이든 누구나 최소한의 인간다운 삶을 살도록 하는 사회 보장 제도는 국가와 부자들이 가난한 이들에게 베푸는 은혜가 아니야. 그것은 국민으로서 마땅히 누려야 할 권리야. "모든 국민은 인간다운 생활을 할 권리를 가지며 국가는 사회 보장, 사회 복지의 증진에 노력할 의무를 진다."는 우리 헌법* 34조의 내용이야.

'국민 기초 생활 보장 제도'라는 사회 보장 제도가 있어. 스스로 최저 생계비를 마련하지 못하는 사람은 누구나 이 제도의 도움을 받아 생활할 수 있지. 일할 능력이 있는 사람에게는 일자리를 알선하고, 일할 수 없는 사람에겐 최저 생활을 보장하는 거야. 그런데 국민 기초 생활 보장 제도의 대상자는 '수급자(급여, 연금 등을 받는 사람)'라 하지 않고 '수급권자'라고 부르지. 국민 기초 생활 보장 제도가 인간다운 생활을 할 권리를 보장한다는 의미겠지. 인간다운 생활을 보장해 달라는 요구는 가난한 사람의 구걸이 아니라 국민의 당연한 권리야.

❋ 헌법은 최상위법이야. 쉽게 말해서 모든 법의 으뜸이자 뿌리라고 보면 돼. 법률은 헌법에서 뻗어 나오거든. 따라서 어떤 법률이 헌법에 어긋난다고 판단되면 위헌 심판을 통해 그 법률을 없앨 수도 있지. 헌법이 그만큼 중요하고 강력한 거야.

무사히 할머니가 될 수 있을까. 죽임당하지 않고 죽이지도 않고서.
굶어 죽지도 굶기지도 않으며 사람들 사이에서 살아갈 수 있을까.

−영화 〈어른이 되면〉 중에서

3

발달 장애와 돌봄

내가 위성이라는 걸 받아들이기까지

우리 엄마는 돈을 많이 버는 것도, 큰 집에서 호의호식하며 사는 것도, 자식이 크게 성공하는 것도 바라지 않는다. 엄마의 소원은 형보다 하루 더 사는 것이다.

우리 집의 중심에는 형이 있다. 모든 건 형을 중심으로 돌아간다. 형이 태양이고 엄마와 아빠가 태양 주위를 도는 행성이라면, 난 그 행성 주변을 서성이는 외로운 위성이다.

내가 부모님이라는 행성 주변을 쓸쓸히 서성이는 위성이 된 건 형 잘못도 아니고 부모님 잘못도 아니다. 내 잘못은 더더욱 아니다. 어릴 때는 형을 원망하고 탓하기도 했지만, 이제는 그러지 않는다. 내가 위성이라는 건 운명 같은 거다. 어쩔 수 없이 받아들여야 하는 운명…….

형은 발달 장애인이다. 발달 장애가 뭐냐고? 있잖아, 어느 동네에나 한 명씩 있다는 '동네 바보'. 내 입으로 형을 '바보'라고 말하긴 좀 그렇지만, 우리 형은 바보다. 이상한 몸짓과 낯선 눈빛, 뜬금없는 행동으로 주변의 시선을 끄는 사람.

지하철에서 난데없이 소리를 지르고, 유모차에 탄 아기의 사탕을 뺏어 먹고, 공연장에서 느닷없이 무대에 뛰어오르고……. 어릴 적에는 그런 형이 창피해서 멀찍이 떨어져 걷거나 떨어져 앉았다.

형이 처음 발달 장애 판정을 받았던 날, 엄마는 심장이 철렁 내려앉았다고 한다. 그냥 비유가 아니라, 진짜 심장이 내려앉은 것처럼 철렁했다고 한다.

"여보…… 내가 죄인이야. 내가 죄인……."

엄마는 형이 지적 장애 판정을 받은 날 아빠를 붙잡고 한참을 울었다고 한다. 엄마는 지난 20년 동안 정말 죄인처럼 살았다.

아빠는 엄마보다 형의 장애를 받아들이는 데 더 오랜 시간이 걸렸다. 아빠 역시 한동안 '내가 잘못 낳아서', '내가 잘못 키워서'라는 죄책감에 시달렸다. 엄마가 죄인처럼 살면서도 어떻게든 꿋꿋하게 엄마의 역할을 감당했다면, 아빠는 더 오래 힘들어했고 우울증에도 시달렸다. 아빠는 형의 장애를 받아들일 마음의 준비가 되어 있지 않았다.

그럼 나는? 그 점에선 내가 부모님보다 더 낫지 않았을까. 부모님은 형이 장애아라는 사실을 나중에 알게 됐지만, 난 처음부터 알았으니까. 내가 태어날 때부터, 내가 기억하는 순간부터 형은 늘 그 상태였다. 내게는 심장이 철렁 내려앉는 충격 같은 건 없었다.

어릴 때는 형과 싸우기도 많이 싸웠다. 하루는 엄마가 천도복숭아 예닐곱 개를 사 왔다. 아마 엄마가 한두 개를 먹고, 형한테는 세 개, 나한테는 두 개를 줬던 것 같다. 어쨌든 형이 나보다 몸도 크고 잘 먹었으니까.

우적우적 복숭아 씹는 소리가 크게 들렸다. 형이 배가 고팠던 모양이다. 그런데 2개까지는 열심히 먹더니 나머지 하나는 먹지 않고 그냥 조몰락거리는 게 아닌가. 나는 나보다 하나를 더 받은 형이 얄미워 매몰차게 말했다.

"그거 안 먹을 거면 이리 내놔."

형은 복숭아를 빼앗기지 않으려는 듯 가슴팍에 끌어안았다.

"안 돼."

나는 소리를 질렀다.

"엄마가 먹는 걸로 장난치지 말랬잖아!"

내가 손을 뻗어 복숭아를 빼앗으려는 시늉을 하자 형은 복숭아를 빼앗기지 않으려고 눈을 부릅뜨고 노려봤다.

"안 돼."

나는 그런 형이 얄미워 끝내 복숭아를 빼앗아 먹어 버렸다. 형은 울면서 주변에 있는 물건들을 내게 마구 던졌다. 그날 형이 던진

장난감에 맞아 나는 이마가 찢어졌다.

　형은 낯선 곳을 두려워한다. 지금 사는 집으로 이사 오던 날도 그랬다. 형은 대문 안으로 선뜻 들어서지 못했다. 두려움과 호기심이 가득한 눈빛으로 집 안을 구석구석 살폈다. 그러고는 열 수 있는 건 다 열겠다는 듯이 이것저것 열기 시작했다. 방문마다 열어 보고 창문도 열어 보고 냉장고도 열어 봤다. 싱크대며 옷장, 서랍도 열어 봤다. 심지어 세탁기 뚜껑과 두꺼비집까지 열어 봤다.

　집 안을 다 열어 보곤 마당으로 나가 창고 문도 열었다. 그때 작은 고양이 한 마리가 튀어나왔다.

　"어!"

　화들짝 놀란 형이 "뽕!" 하고 방귀를 뀌자 가족들이 "우하하" 웃었다.

　나는 그런 형과 17년을 함께 살았다. 17년 동안 내 삶은 어땠을까? 나는 혼자 컸다고 해도 과언이 아니다. 부모님의 관심은 온통 형에게 쏠렸고, 나는 홀로 자랐다.

　내가 초등학교 3학년 때였다. 엄마는 형을 데리고 치료실에 다녀온다고 했다. 나한테는 놀이터에서 놀면서 기다리라고 당부했다.

　"민준아, 절대로 다른 데 가면 안 돼. 알았지?"

　나는 아이스크림이 흘러내린 손을 핥으며 고개를 끄덕였다.

　놀이터에는 이미 몇 명의 아이들이 놀고 있었는데, 어느새 나도 그들과 어울려 놀게 됐다. 그렇게 신나게 놀고 있는데, 하늘에서 갑

자기 물방울이 뚝뚝 떨어지기 시작했다. 곧이어 소나기가 세차게 쏟아졌다.

'어, 엄마가 다른 데 가지 말라고 했는데……'

나는 어쩔 줄 몰랐다. 비를 피해야 하는데, 엄마가 분명 다른 데 가지 말라고 신신당부하지 않았던가. 결국 나는 그 자리에 오도카니 서서 한참이나 세찬 비를 맞아야 했다. 옷이 다 젖은 채 오들오들 떨고 있을 때 멀리서 엄마가 달려왔다.

"저쪽 슈퍼마켓 처마 밑에 가 있지 그랬어?"

엄마는 안타까운 마음에 그렇게 말했겠지만, 그 말을 듣자 내 눈에서 눈물이 펑펑 쏟아졌다.

"나는…… 엄마가…… 아무 데도…… 가지……."

택시를 타고 집으로 오는 내내 차창에 매달려 비 내리는 밖을 내다봤던 것 같다. 그때 깨달았다. 이게 내 운명이라는 걸. 어쩔 수 없는 현실이라는 것을.

아픈 자식을 둔 부모를 둔 아프지 않은 자식. 아프지 않게 태어난 죄로 아픈 형에게 모든 것을 양보했고, 아프지 않은 자식으로서의 기대를 저버리지 않으려 있는 힘을 다해 노력했다. 나는 앞으로도 그렇게 살아야 한다. 홀로 어른이 되어야 한다. 어쩔 수 없다.

사람들 시선 때문에 형과 나란히 걷는 것조차 싫어했던 내가 지금은 형 손을 잡고 걷는다. 그렇다. 형은 누군가의 손길이 필요한 사람이다. 조금만 방심하면 문을 열고 어디론가 도망치고, 가게에선 조금만 한눈을 팔면 어느새 계산도 안 한 과자 봉지를 뜯기 일쑤였다. 그 바람에 우리 가족은 늘 노심초사였다. 그런 형을 더는 창피해하지 않게 된 이유가 뭘까? 시간이 쌓이고 마음이 단단해진 것도 있겠고. 아마 그때 그 일이 큰 영향을 미치지 않았을까 싶다.

나는 2017년 9월 5일을 잊지 못한다.

그날 서울 강서구 탑산초등학교에서는 '강서 지역 공립 특수학교 신설 2차 주민 토론회'가 열렸다. 서울시교육청은 강서구에 있던 공진초등학교가 문을 닫자 해당 부지에 특수학교를 설립할 계획이었다. 그런데 그 지역 국회의원이 국회의원 선거 과정에서 느닷없이 한방 병원을 짓겠다는 공약을 내걸었다. 이후 주민들은 한방 병원이 들어설 것을 기대하며 특수학교 설립을 반대하기 시작했다.

황당한 건 그 부지가 서울시교육청의 소유였다는 사실이다. 이미 교육청이 특수학교를 세우기 위해 예산까지 투입한 땅에 병원을 짓겠다는 건 애초부터 말이 안 됐다. 즉 한방 병원을 짓겠다는 국회의원의 발언은 가볍고 무책임했다. 아무 권한도 없는 자가 당선되기 위해 공약을 남발하고, 지역 주민들은 그런 허황된 공약을 믿고 표를 주고. 한마디로 코미디 그 자체였다.

국회의원의 말을 철석같이 믿고 있었던 주민들은 특수학교 설립을 결사적으로 반대했다. 그래서 주민들을 대상으로 토론회가 열렸던 것이다. 토론회는 평행선을 달렸다. 특수학교가 먼저다, 한방 병원이 먼저다, 격론이 벌어졌다.

그때 누군가 먼저 무릎을 꿇었다. 한 엄마가 특수학교를 반대하는 주민들이 앉아 있는 쪽을 향해 무릎을 꿇었던 것이다. 다른 엄마들 사이에서 안타까움의 탄식이 흘러나왔다. 반대 주민들도 당황했다. 그런데 반대 주민들 한편에서 비아냥거리는 소리가 터져 나왔다.

"쇼하지 마!"

"무슨 짓거리야?"

"동정 여론 얻으려고?"

그러자 다른 엄마들이 하나둘 무릎 꿇은 사람 옆으로 다가가 같이 무릎을 꿇었다. 누가 하자고 한 게 아니었다. 그렇게 20여 명의 엄마들이 죄인처럼 함께 무릎을 꿇었다.

그런데도 조롱과 야유는 계속됐다.

"장애인에게 학교가 뭐가 필요하냐?"

"그냥 시설로 보내라."

"그냥 하수처리장으로 보내."

장애인은 오물이고 구정물인가? 어떻게 그런 말을 대놓고 할 수 있을까? 그들은 학교 교육도 안 받았나? 인권이라는 것도 모르나? 너무나도 무례하고 몰상식한 사람들이었다. 정말 피가 거꾸로 솟았다.

나중에 나는 엄마에게 그때 일에 대해서 물었다.

"그날 왜 무릎을 꿇었어요?"

"그 사람, 혼자 무릎 꿇고 있었잖아. 그냥 곁에 있어 줘야겠다는, 비난을 듣더라도 함께 들어야겠다는 그런 마음이 들었어."

그렇게 비난하는 사람들에게 무릎을 꿇은 우리 엄마와 다른 엄마들의 마음이 어땠을까? 그 마음들을 생각하면 내 마음까지 아파 온다.

자료를 찾아봤더니 당시에 강서구의 특수교육 대상자는 645명이었다. 하지만 특수학교는 한 곳뿐이었다. 그곳의 정원은 고작 100명이었다. 특수교육 대상자 중 82명(12.7%)만 이 학교에 다녔다. 나머지 563명은 구로구 등 다른 지역 특수학교로 통학을 했다. 통학에만 두세 시간이 기본이었다.

나는 그날 이후로 사람들 눈치를 보지 않는다. 아니, 더 당당하게 형 옆에 서 있곤 한다. 그리고 형을 이상하게 쳐다보는 사람들을 같이 째려본다. 그들이 뭔데? 그들이 뭘 안다고 그런 식으로 쳐다보나?

그런 눈으로 보는 사람들은 아무것도 아니다. 그냥 무시해도 되는 사람들이다. 장애인을 벌레 취급하는 그 사람들이 진짜 벌레만도 못한 거다. 앞으로 나는 절대로 주눅 들지 않을 것이다.

장애는 죄가 아니다. 장애를 지닌 채 태어나고 싶어서 태어난 사람은 없다. 장애인 자식은 어느 가정에나 태어날 수 있지만, 대개의 가정은 운이 좋아서 비껴갈 뿐이다. 운이 조금 좋았다고 비장애인의 옷을 갑옷처럼 두르고 운이 나쁜 사람을 공격해도 되나? 깔보고 짓밟아도 되나?

그들이 발달 장애인을 둔 가족의 어려움을 눈곱만큼이라도 알기나 할까? 자기들이 그런 어려움에 처한다면 감당할 수 있을까? 그런 눈빛으로 함부로 쳐다보지 마라! 우리, 당신들보다 몇 배는 더 치열하게 살고 있다. 그리고 남에게 부끄러운 짓 한 적 없다.

내 마음은 그런 생각, 반감, 오기 등이 뒤얽히며 벅차게 차올랐다. 눈시울이 뜨거워졌다.

나의 부모님은 죄인이 아니다. 그러니 죄인처럼 살 이유가 없다.

장애를 둔 자식보다 하루 더 사는 게 소원인 사회가 과연 좋은 사회일까? 엄마가 형보다 먼저 세상을 떠나더라도 형을 걱정하지 않는 세상은 불가능한 걸까? 부모가 제 자식보다 하루만 더 살기를 바라는 것은 비극이다. 이제 비극을 끝내야 한다.

돌봄 감옥의 비극

 몸은 자라는데 마음은 자라지 않는 발달 장애. 부모들은 발달 장애 자녀를 24시간 돌봐야 해. 그나마 자녀가 특수학교 등에서 생활하는 낮 시간에는 잠시 숨을 돌릴 수 있지. 그러나 이마저도 나이나 소득 조건 등이 충족되지 못하면 돌봄을 받기 힘들어. 특히 코로나19 사태 때처럼 복지관이나 보호 센터가 문을 닫아 돌봄 공백이 발생하면 가족들의 부담은 더욱 커지지. 그래서 안타깝게도 부모가 자식을 죽이고 본인도 목숨을 끊는 일들이 반복되고 있어. 어떻게 부모가 자식을 죽이느냐고 생각할지 모르지만, 사연을 들어 보면 그럴 수밖에 없는 사정에 공감하게 되지. 결국 그들의 죽음은 자살이 아니라 '사회적 타살'일 뿐이야.

장애인 가족의 비극

 "발달 장애 아들 둔 나는 예비 살인자입니다." 이는 2020년 8월 25일 청와대 국민 청원 게시판에 올라온 글이야. 스물한 살 발달 장애인을 아들로 둔 50대 아버지가 올린 글이지. 청원인의 아들은 자폐 증상이 너무 심해서 '엄마, 아빠'조차 말하지 못해. 공격성도 강해 본인의 몸은 물론이고 가족들도 상처를 달고 살지. 하루에도 몇 번씩 사람을 공격하거나 물건을 집어던진다고 해.

청원인은 "최근 정부가 치매 국가 책임제를 운영하며 노인들과 그 가족이 전부 떠안아야 했던 치매로 인한 고통과 부담을 정부에서 덜어 준 것으로 알고 있습니다." 하면서, "정말 훌륭한 복지 제도이며 찬사를 마지 않습니다만, 사실 치매보다 몇 배 더 힘든 것이 가족 중에 발달 장애인이 있는 것입니다."라고 썼어. 그러면서 중증 발달 장애인 돌봄 시설을 국가가 만들어 달라고 요청했지. 그래야만 자기 손으로 자기 아들을 죽이는 비극을 막을 수 있다면서.

시설을 보내면 되지 않냐고? 장기 생활 시설 입소는 하늘의 별 따기야. 기본적으로 공격성이 없어야 받아 주고, 그조차도 기초 생활 수급자만 자격이 되거든. 발달 장애 자식을 둔 부모가 '예비 살인자'라고 말하는 이유가 뭘까?

내 아이보다 하루만 더 살고 싶다

발달 장애인은 다른 장애인과 달리 스스로를 돌볼 능력이 현저히 떨어져. 발달 장애는 지적 장애와 자폐성 장애로 나뉘는데, 언어나 사회성, 인지 능력 등의 발달이 정체되거든. 의사소통이 어렵고 경우에 따라 자해나 폭력, 괴성 등 문제 행동으로 사회생활이 어렵기 때문에 24시간 살펴야 해. 갓난아기를 키우는 것과 비슷해. 24시간 돌봐야 하고, 욕구 파악이 어렵지. 발달 장애인은 누군가의 돌봄이 없으면 살아갈 수 없어.

시설이 부족하고, 특히 폭력 등 문제 행동이 심한 중증 아이들은 기피

당하기 일쑤야. 성인이 되면 돌보기가 더 어려워. 몸이 커지기 때문에 통제가 쉽지 않거든. 돌봄의 짐은 오롯이 부모가 감당해야 해. 부모의 인생은 거의 없다시피 하지. '돌봄 감옥'에 갇혔다고 보면 돼. 부모들은 미래에 대한 두려움이 커. 부모 자신이 죽으면 누가 돌봐 줄 것인가에 대한 두려움이야. 그래서 "내 아이보다 하루만 더 살다 죽고 싶다."라고 말하지.

시설 속에 갇힌 인권

발달 장애인법이 처음 만들어진 게 2013년이야. 그전까지는 발달 장애인만을 위한 법조차 없었어. 발달 장애인 시설은 2001년 203곳에서 2014년에는 600여 곳으로 늘어났어. 600곳이면 많아 보이지만, 실은 그렇지 않지. 24만 명의 발달 장애인 가운데 중증 장애인은 8만 명 정도인데, 주간 보호 시설과 단기 거주 시설 등에서 수용할 수 있는 인원은 전체 발달 장애인의 6퍼센트에 불과하거든.

장애인 시설을 더 확충하고 활동 보조 시간을 늘려야겠지만, 그걸로 사회의 역할이 모두 끝나는 건 아니야. 형제복지원 사건이라고 들어 봤어? 부산 형제복지원에서 1975년에서 1987년까지 일어난 인권 유린 사건이야. 불법 감금, 강제 노역, 구타, 학대, 성폭행 등이 자행됐어. 구타 등으로 사망한 사람들은 암매장됐지. 복지원이 운영된 12년 동안 공식 사망자만 551명이 넘었어.

그저 먼 옛날의 끔찍한 일일까? 경기도의 장애인 시설 성심동원에서 재활교사들이 수년간 장애인을 학대하고 폭행한 사실이 2019년 한 언론 보도로 드러났어. 더 끔찍한 일도 있었지. 대구시립희망원에서는 2010년부터 2016년까지 309명의 수용자들이 사망했는데, 그중 최소 29명이 의문사로 추정되지. 폭행, 감금 등 가혹 행위가 드러났어. 장애인 인권의 최후 보루여야 할 장애인 시설이 오히려 인권의 사각지대였던 거야.

시설이 인권 유린과 비리의 온상으로 드러나더라도 그 해결책은 역시 시설뿐이지. 시설을 확충하고 1인실로 바꾸는 등 개선이 필요해. 더 나아가 인권 유린 없이 잘 운영되도록 감독하는 것도 중요하지. 하지만 그게 전부일까? 갇혀 지내는 것에 대해 근본적으로 생각해 봐야 해.

사회와의 단절이 사회 복지?

사람들은 '사회 복지' 하면 특정 시설을 떠올리곤 해. 그 안에서 생활하는 도움이 필요한 사람들과 일하는 직원들, 봉사자들 등을 머릿속에 그리지. 이는 지금까지 국가가 장애인 복지를 장애인 시설 중심으로 접근한 탓이야. 장애인들을 사회에서 떼어다 집단으로 수용하고 관리하는 방식이었지. 집단 수용이 관리나 비용 측면에서 더 효율적이고 편하니까. 수용 시설은 적은 비용으로 보기 싫은 이들을 사회로부터 분리할 수 있는 방법이지.

운영자들에게도 시설은 정부 보조금을 빼먹기 쉬운 좋은 사업이야. 설립도 손쉽고 운영 자금도 쌈짓돈처럼 쓸 수 있어. 경제협력개발기구 보고서에 따르면, 2015년 기준 국내 정신 질환자 평균 재원 기간은 247일이었어. 이탈리아(13.4일)나 스페인(18일)보다 훨씬 길지. 병원이 보조금을 더 타 내려고 일부러 입원을 늘린 탓이야.

그러다 어느 순간 '시설 속 장애인'이 당연시됐지. 장애인은 지역 사회에 섞여 살아가기보다 시설에 머무는 게 당연하게 여겨졌어.

'보호'라는 이름의 격리

세상을 등진 채 평생 모로 누워 지내는 사람들, 쓸모없는 짐짝으로 취급받는 탓에 골방에 처박혀 있는 사람들. 시설을 나오고 싶어도 나오지 못해서 평생 시설에 머물러야 하는 삶은 감옥이 아닐까? 여기서 말한 '감옥'은 비유가 아니야. 어떤 이들에게 시설은 정말 감옥 그 자체지. 그들이 원해서 시설에 머무는 게 아니거든. 국가인권위원회가 시설 입소 결정자를 조사해 봤더니, 자발적인 결정이 13.90퍼센트, 가족과 지인 등의 설득이나 강요로 입소한 경우가 82.88퍼센트였어.

시설은 장애인을 보이지 않게 숨기지. 그러나 보이지 않는 곳에 가둬 두는 게 해결책은 아니야. 보호를 가장한 격리에 지나지 않아. 시설 안에서 장애인은 인간다운 삶을 살 권리를 침해받아. 신체 자유, 통신 자유, 종교 자유, 사생활의 자유 등 넓은 영역에서 침해가 일어나지. 정해진 시간에만 식사를 해야 하고 정해진 시간에 일괄 소등하는 등 시설은 장애인에게 획일적인 생활을 강제해.

시설의 본질은 저마다의 개성을 포기하고 사회가 규정한 '장애인'으로만 살라는 데 있어. 서로 다른 성격과 취향 등을 가진 사람들이 오로지 '장애'라는 범주 안에 묶이는 거야. 이것이 사회가 장애인을 대하는 태도이자 아직도 시설이 사라지지 않는 이유 아닐까? 시설 보호는 장애인을 사회로부터 분리시켜 사회의 한 시민인 '나'로 살아갈 기회를 박탈하지.

시설 바깥을 향해

시설을 나와서 살고 싶은 사람들은 나와서 살 수 있도록 해야 해. 이른바 '탈시설'이라고 부르지. 특수학교나 특수반을 졸업한 발달 장애인의

72.5퍼센트는 집으로 돌아간다고 해. 그나마 이들이 낮 시간에 이용 가능한 발달 장애인 주간 보호 시설이 있지만 수용률은 고작 5.5퍼센트에 불과하지. 이 때문에 하루 종일 집에 틀어박혀 생활하는 발달 장애인이 많아. 시설을 나가는 것만이 능사가 아니라 나간 이후를 뒷받침할 대안이 절실하지.

선진국은 우리와 상황이 달라. 독일, 스위스 등에서는 하나의 마을에 장애인 공동체를 만들지. 마을에는 발달 장애인 서너 명이 꾸리는 그룹홈(공동생활가정)들이 있어. 그룹홈의 경우에도 훈련홈, 체험홈, 부부홈, 가족홈 등 다양한 형태를 띠고 있지. 이후 기업을 유치해 일자리를 창출하는데, BMW 같은 자동차 회사들이 단순 조립형 일자리를 제공해. 공장 작업 외에도 농사나 목공 등 발달 장애인이 흥미를 가질 수 있는 여러 일자리를 마련하지.

미국의 발달 장애 전문가인 제임스 콘로이 박사는 '시설 대 지역 사회'라는 논쟁은 이미 결론 난 문제라고 힘주어 말했어. 인권 유린 사건으로 1970년대 폐쇄된 장애인 거주 시설 펜허스트에 수용되었다가 지역 사회로 복귀한 발달 장애인 1154명을 30년간 추적한 그가 얻은 결론은 명확했어. 시설에서 나온 장애인 모두가 삶의 질이 더 높아졌다는 거야. 시설에서 나온 뒤 사회성, 인지 능력 등 거의 모든 측면에서 나아졌어.

시설에서 나와 산다는 건 개인 생활, 즉 사생활을 찾는다는 뜻이야. 식사, 취침, 외출 등 일상생활에서 개인의 좀 더 자유로운 선택을 보장하는 거지. 가령 시설에서는 한 달에 한 번 외출하기도 어려워. 시설에서 나온 장애인들을 대상으로 삶의 만족도가 어떻게 달라졌는지 조사했더니, 시설에서 나온 경우(70.5점)가 시설 거주(19.6점)보다 더 높았지.

좋은 사회란?

사회학자 고병권은 가족과 사회가 장애인을 포기한 곳이 시설이라면, 시설은 장애인이 스스로를 포기하게 만드는 곳이라고 꼬집었어. 시설은 장애인을 무력한 존재로 만들어서, 무력한 존재로서 자신을 받아들이게 하지.

'장애인으로 태어나지 않아 정말 행운이다.', '가족 중에 장애인이 없어서 다행이다.' 그렇게 생각하고 발달 장애 문제를 등한시해도 될까? 발달 장애는 건강한 사람에게도 발생할 수 있어. 가령 운동 중 부상으로 뇌 손상이 생겨 발달 장애를 일으킬 수 있지. 2011년 보건복지부의 실태 조사에 따르면, 발달 장애 인구 중 사고나 질환 같은 후천적 원인으로 장애를 얻은 경우가 24.7퍼센트에 달했어.

좋은 사회와 나쁜 사회를 어떻게 구분할까? 여러 기준이 있겠지만, 불운을 개인에게 떠넘기는 사회와 함께 떠안는 사회로 나눌 수 있을 거야. 불운과 불행의 짐을 나눠 들어 주는 사회가 좋은 사회지. 돈 낸 만큼 치료받는 사회보다 아픈 만큼 치료받는 사회가 좋은 사회이듯, 발달 장애의 짐을 가족에게 떠넘기는 사회보다 국가가 함께 짊어지는 사회가 좋은 사회야. 부모가 세상을 떠나도 '모든 아이는 모두의 아이다.'라는 생각으로 사회가 부모를 대신해 줄 수 있어야 해.

인간은 남성적 여성이거나 여성적 남성이어야 합니다.

—버지니아 울프

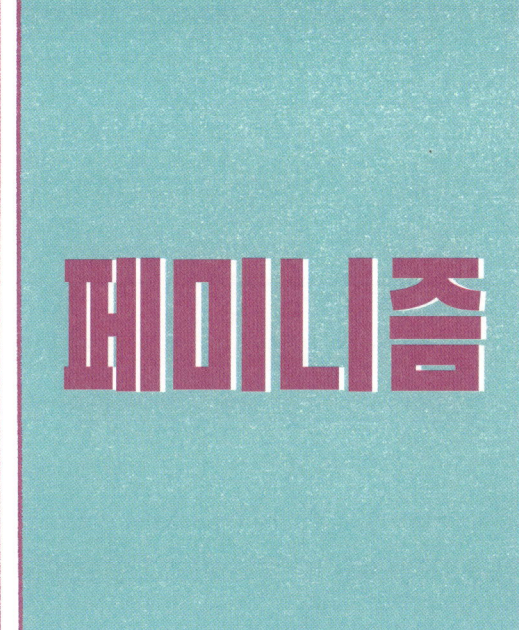

나의 탈코르셋 연대기

오늘 나는 다르게 살기로 결정했다. 사람이 다른 사람들과 다르게 살기로 결단하려면 거기에는 어떤 용기가 필요하다. 그런 용기는 어디서 올까? 작은 샘과 샘이 모여 천과 큰 강물을 이루듯이, 크고 작은 계기들이 모이고 쌓여 어떤 결단에 이를 것이다.

문득 궁금해졌다. 어떤 계기들이 모이고 쌓였던 걸까? 곰곰이 생각해 보다가 불현듯 일기장이 떠올랐다. 나는 초등학교 때부터 지금까지 꾸준히 일기를 써 왔다. 창고에서 지난 일기장들을 꺼내와 읽기 시작했다.

2009년, 초등학교 4학년이던 열한 살 때 쓴 일기가 먼저 눈에 들어왔다.

2009년 7월 6일 월요일, 맑음

요즘 애들 사이에서는 브래지어가 유행하고 있다.
동생처럼 어려 보이는 여자애들도 브래지어를 찼다.
몇 주 전 학교에서 남자애들 몇이 내 등을 만졌다.
그러고는 "여자가 브래지어도 안 했네?" 하면서 놀렸다.
집에 오자마자 브래지어를 사 달라고 엄마를 졸랐다.
엄마는 아직 할 때가 아니라고 말씀하셨다.
그 뒤로도 계속 엄마를 졸랐다.
드디어 오늘 엄마가 스포츠브라를 사 오셨다.
반가운 마음에 바로 입어 봤다.
근데 이거 엄청 답답하다. 밥을 먹는데 체할 것만 같다.
그래도 하고 가야 한다. 남자애들한테 놀림받지 않으려면.

2010년 4월 7일 화요일, 맑음

내 뒷자리의 민지는 가슴이 크다.
엄마들처럼 가슴이 튀어나왔다.
우리 반 남자애들이 자꾸 민지를 놀려 댄다.
남자애들은 참 이상하다.

여자애들 등을 만지고 브래지어 끈이 있으면 그걸 잡아당기며 놀리고 끈이 없으면 브래지어를 안 한다고 또 놀린다.

가슴이 커도 놀리고 가슴이 없어도 놀린다.

오늘은 다른 반 남자애들까지 우리 반을 기웃거렸다.

민지의 가슴을 구경하러 온 것이다.

민지는 고개를 숙이고 엎드렸다.

몸이 들썩이는 걸로 봐서는 우는 것 같았다. 불쌍한 민지.

가슴이 큰 게 구경거리인가?

남자애들은 참 변태스럽다.

2010년 4월 8일 수요일, 조금 흐림

민지가 결석했다.

선생님이 오늘 수업은 신체 기관을 들어 자신에 대해 설명해 보자고 하셨다.

먼저 선생님이 자기 눈에 대해서 이야기했다.

시력이 0.1에 불과해 안경이 없으면 생활하기 어렵다고 하셨다.

안경은 자기의 일부라는 말도 덧붙이셨다.

남학생들은 자기는 키가 커서 농구를 잘한다느니, 축구를 많이 해서 다리가 굵다느니, 그런 얘기를 했다.

여학생들은 쌍꺼풀이 있어서 좋다느니, 코가 오똑해서 예뻐 보인다느니, 그렇게 말했다.

선생님은 남녀가 어떻게 자기를 설명하는지 차이를 알겠느냐고 물으셨다.

아이들이 선뜻 대답을 못 하자 선생님은 이렇게 설명해 주셨다.

남학생들이 몸의 능력이나 기능에 초점을 맞췄다면, 여학생들은 몸의 외형에 초점을 맞췄다고.

누구의 잘못이 아니라, 우리가 성별에 따라 몸을 다르게 보고 있다고도 하셨다.

즉 남자는 남자답게, 여자는 여자답게.

그런데 꼭 그렇게 남자답게, 여자답게 그런 거에 얽매일 필요가 없다고 말씀하셨다.

덧붙여 나답게 살자는 말씀도 하셨다.

나답게 산다? 뭐랄까, 그 말이 좀 낯설기도 하고 신선하기도 했던 것 같다.

2012년 3월 7일 월요일, 맑음

중학생이 된 지 며칠이 지났다.

중학교의 설렘도 잠시, 아침 조회 시간마다 불쾌하다.

담임은 매일 아침 브래지어 검사를 한다. 손바닥으로 등을 한 번씩 쓱 훑는다.

담임은 브래지어를 안 했거나 짙은 색 브래지어를 입으면 무조건 벌점을 줬다. 브래지어를 착용해야 하지만 한 걸 티내면 안 된다는 걸까?

그런데 등을 쓸어내리는 담임은 초등학교 때 브래지어 끈을 잡아당기거나 브래지어 자국을 보겠다며 물총을 쏘던 남자애들과 뭐가 다른 걸까?

다른 점이 있다면 선생님과 학생이라는 거?

이런 것도 성추행이 아닌지 모르겠다.

2012년 6월 22일 금요일, 비가 옴

아빠가 직장을 옮기면서 전학을 온 지 2주가 되어 간다.
새 학교에서는 왕따 아닌 왕따를 당하고 있다.
아이들은 눈을 흘기며 나를 쳐다본다.
나도 이유는 모르겠다.
오늘은 기운이 쑥 빠진 채 학원에 갔다.
국어 선생님을 보니 기분이 좋아졌다.
국어 선생님은 첫인상부터 남달랐다.

화장기 없는 얼굴, 뭔가 신기했다.

보통 예쁘게 화장을 하고 세련되게 옷을 입는 다른 선생님들과는 무언가 달랐다.

선생님들이 있는 사무실에 갔다가 국어 선생님이 다른 남자 선생님에게 하는 말을 듣게 됐다.

"한 번만 더 학생들 외모에 대해 함부로 품평하시면 공식적으로 문제 제기할 겁니다."

무슨 일인지 모르겠지만 단호한 목소리가 왠지 멋져 보였다.

오늘 수업이 끝나고 일부러 학원 현관 앞에서 꾸물거렸다.

덕분에 퇴근하는 선생님과 만나 함께 걸을 수 있었다.

선생님과 많은 얘기를 나눴다. 학교에서 요즘 겪고 있는 어려움에 대해서도 털어놨다.

선생님은 헤어질 때 이런 말을 해 주었다.

"당하고 있지 마. 누가 널 괴롭히면 맞서 싸워!"

2015년 8월 10일 월요일

수지 언니가 여름방학을 맞아 한국에 놀러 왔다. 언니는 지금 이모, 이모부랑 스웨덴에서 산다.

수지 언니는 나랑은 정반대인 사람이다. 키도 크고 공부도 잘하

는 언니는 언제나 당당하게 걷고, 말도 시원시원하게 잘했다.

언니가 날 보자마자 대뜸 물었다.

"너 왜 그렇게 어깨를 움츠리고 다니니?"

"내가 그랬어?"

사실 요즘 몸이 많이 안 좋다. 땀이 나면 온몸에 알레르기 반응이 일어났다. 브래지어를 하면 그 모양 그대로 붉어지고 습진이 생겼다. 가려워서 미칠 것 같다. 막상 긁으면 더 심해지곤 했다. 언니에게 그런 얘기를 하자 언니는 병원에 가 봤냐고 물었다.

"가 보긴 했지. 근데 별 차도가 없어."

"의사가 브래지어 하지 말라고 안 해?"

"브래지어? 그런 말은 없었는데……."

언니는 브래지어를 당장 벗으라고 소리쳤다. 몸이 안 좋으면서까지 브래지어를 착용할 필요가 있냐며 목소리를 높였다.

언니는 유럽에서는 브래지어를 안 하는 여성이 많다고 했다. 나처럼 꼭 몸이 안 좋아서가 아니라 귀찮고 불편하니까 안 한다고 얘기해 줬다. 언니는 여성을 아름답게 만드는 것들이, 언니 표현대로는 "사회가 아름답다고 여겨서 강요하는 것들"이 여성의 몸을 억압한다고 말했다. 브래지어가 그렇고 하이힐이 그렇다면서 옛날에는 코르셋이 그랬고, 전족이 그랬다고 했다.

"옷은 개인의 자유야! 속옷도 마찬가지고."

맞는 말이지만, 당장 브래지어를 벗어 버리는 건 부담스럽다. 난 쫄보 중의 쫄보니까. 아, 만약 내가 유럽에서 살았다면 이런 고민도 안 했을까?

2020년 10월 22일 목요일

오늘 남자 친구랑 대판 싸웠다. 브래지어 때문이다.

몸이 안 좋아서 브래지어를 간간이 안 하기 시작한 건 고등학교

3학년 무렵부터다. 몸도 훨씬 좋아졌다. 오랫동안 날 괴롭힌 습진도 오래전에 사라졌고 소화도 잘됐다.

처음 브래지어를 안 했던 날이 생생히 기억난다. 모두가 내 가슴만 보고 있는 것 같았다. 가방이든 뭐든 자꾸만 가슴을 가리는 날 발견할 수 있었다. 남들이 어떻게 볼지 신경 쓰는 자신이 싫었지만, 팔짱을 끼고 가방으로 가리는 일은 한동안 계속됐다. 그러다 몇 달 지나니까 '노브라'에 익숙해졌다.

물론 완전한 '탈브라'는 아니었다. 간헐적 노브라. 안 하는 날보다 하는 날이 더 많았던 것 같다. 어쨌든 내가 생각해도 신기했다. 천하의 쫄보가 간헐적이긴 하지만 노브라에 성공하다니. 몸이 그만큼 안 좋아서 괴롭고 힘든 탓이었을 게다.

문제는 남자 친구를 사귀면서 시작됐다. 남자 친구는 노브라를 내키지 않아 했다. 몸이 안 좋아서 시작하게 됐다고 설명하니까 처음엔 이해해 줬다. 아니, 이해해 주는 척했다. 그런데 갈수록 '그래도 하는 게 좋지 않냐.'라는 식이다.

"브래지어가 그렇게 중요해? 나보다 더?"

"다른 남자들이 네 가슴 보는 거 싫단 말이야. 널 아껴서 그런 거야."

"날 아껴? 내가 브래지어 때문에 아픈데도?"

내 말에는 옅은 짜증이 배어 있었다. 도대체 뭐가 날 아끼는 걸까? 브래지어 때문에 습진이 생기고 상처가 생겨도 브래지어를 해야 하는 게 날 아끼는 걸까? 걔는 '아낀다'는 말의 의미를 제대로 알고 있기나 할까?

"난 누군가에게 내 가슴을 보여 주려고 그런 게 아니야."

"그건 나도 알지."

"남들이 본다면 어쩔 수 없는 거고. 어쨌든 브래지어를 안 하는 게 하는 것보다 내 몸에 훨씬 더 좋으니까 난 계속 이렇게 살 거야."

"……."

남자 친구는 아무 말도 못 했다.

"내 몸은 내 거야. 다른 누군가가 아닌, 바로 내 거."

나는 그렇게 쏘아붙이고 돌아섰다.

일기장을 덮었다.

어떤 만남과 인연이 오늘의 나를 만들었다. 특히 내가 만난 어떤 여성들은 내게 길을 보여 줬다. 그들이 먼저 간 길을, 혹은 가고자 했던 길을. 그런 점에서 나의 일기들은 '연대기(年代記)'인 동시에 그들과의 '연대기(連帶記)'일 것이다.✻

✻ 연대기(年代記)는 어떤 사건을 연대순으로 적은 기록이다. 한편, 연대기(連帶記)는 함께 어려움을 헤쳐 나가기 위해 마음을 하나로 모으고 서로 돕는다는 의미를 지닌 '연대(連帶)'의 기록이다.

예뻐 보이고 싶은 게 나의 의지일까?

한 초등학교 교사가 학급에서 실시한 '자신의 눈에 대해 설명해 보자.'는 활동 결과를 SNS를 통해 공유한 적이 있어. 여자아이들은 이렇게 답했지. "눈이 작아요." "쌍꺼풀이 없어요." 하나같이 눈의 기능보다 외형에 주목했어. 반면 남자아이들은 이렇게 답했지. "눈이 안 좋아요." "시력이 1.6이에요." 몸을 꾸미고 가꾸는 '외형'이 아니라 움직이고 힘을 쓰는 '기능' 측면에서 바라보는 심리는 주로 남성에게 나타나지.

여자아이들이 자신의 몸을 그렇게 생각하는 이유가 뭘까? 아이는 어른의 거울이라고 하잖아. 여성을 외모로 판단하는 어른들을 따라서 아이들도 그러는 거야. 대중 매체는 여성 연예인뿐 아니라 여성 운동선수나 여성 정치인들의 얼굴에 주목하지. 얼굴과 전혀 상관없는 분야의 여성들을 '얼짱 골퍼', '얼짱 정치인' 등 '얼굴'이라는 공통분모로 묶어 버리거든. 정치나 운동을 얼굴로 하는 게 아닌데 말이야.

하지만 여자의 몸이라고 타인, 즉 남성의 만족을 위해 존재하는 건 결코 아니지. 여자의 몸 역시 남자의 몸처럼 기능을 수행해. 그리고 여성 자신의 자아를 구성하지.

'예뻐져야 한다'는 강박

일반적으로 '여성스럽다'는 것은 '불편하다'와 동의어나 다름없어. 여성들은 걸음과 행동의 제약에도 불구하고 치마를 입고 하이힐을 신지. 가슴이 답답해도 몸을 옥죄는 브래지어를 착용하고, 주기적으로 팔다리와 겨드랑이의 털을 깎아야 해. 여성이라면 누구나 피해 가기 어려운 일들이야.

'왜 나는 모델처럼 늘씬한 몸매를, 서양인처럼 뚜렷한 이목구비를 가지지 못했을까?' 하며 여성들은 아름다움에 대한 강박에 사로잡히지. 길고 매끈한 다리, 날씬하지만 풍성한 가슴, 풍성하고 윤기 나는 머릿결, 도자기같이 매끄러운 피부 등 끝도 없이 외모 비교에 시달려. 이러한 비교 강박은 종종 자기를 파괴하는 부메랑이 되어 돌아오지. 불만족과 자기 비하에서 멈추지 않고 치명적인 신체 변형을 욕망하거든.

대부분의 여성이 먹는 행위와 식사량에 예민하고, 일부 여성은 먹는 것에 극도의 죄의식을 느끼기도 해. 먹는 것에 대한 극도의 공포는 거식증으로 나타나지. 거식증은 몸이 음식을 거부하는 질병이야. 조금만 먹어도 살이 찔지 모른다는 두려움이 거식증을 일으키지. 많이 먹었다는 생각이 살짝만 들어도 일부러 토하거나 설사를 유도하는 약을 무분별하게 복용한 결과야. 거식증의 사망률은 무려 5~10퍼센트에 달할 정도로 높은 편이지.

미국에서 이루어진 연구에 따르면, 5세 여자아이 중 34퍼센트가 가끔 의도적으로 음식을 적게 먹어. 5세만 돼도 살이 찌는 걸 예민하게 받아들인다는 거지. 2014~2018년 5년 동안 3만 1500명이 거식증과 폭식증으로 병원을 찾았어. 그중에서 82.4퍼센트가 여성이었지. 병원을 찾은 여성 가운데 20대가 21.9퍼센트로 가장 많았어.

꾸밈 노동의 굴레

헤어, 메이크업, 패션(신발, 가방, 액세서리) 등은 여성들이 자발적으로 선택한 결과일까? 여성들이 원해서 선택한 걸까? 그렇게 착각할 수 있지만, 그건 사회가 요구한 결과야. 직장에서 여성은 화장이나 특정 복장을 강요받지. 2017년 한국여성민우회가 조사한 성차별 사례 중에서 직장 사례 공동 1위는 복장 규정과 여성성을 강요하는 분위기였어. 가령, 백화점에서 안내 서비스를 담당하는 여직원들은 치마 착용 규정이 없는데도 치마를 입고 근무하지.

'꾸밈 노동'이라고 들어 본 적 있어? 일하는 여성들에게 강요되는 꾸미기로 인해 여성이 남성보다 더 해야 하는 노동을 뜻하는데, 넓게는 화장 등 여성에게만 요구되는 '여성성'에 대한 사회적 요구를 가리키는 표현이야. 이런 현실 때문에 일부 대학에선 화장법이나 코디법을 지도하는 취업 클리닉 등을 개설하지. 이 모두가 사회 활동을 하는 여성이라면 자신의 외모를 '관리'해야 한다는 사실을 가리키고 있어.

여성을 대상으로 외모를 평가하고 꾸밈을 강요하는 것은 직장과 학교, 가정 등을 가리지 않고 이루어지지. 이런 환경에서 여성들은 아름다움에 대한 왜곡된 인식에 익숙해질 수밖에 없어. 한 설문 조사에 따르면, 초등학생들의 새해 소망 1순위가 '다이어트'였어. 녹색건강연대의 조사에 따르면, 초등학교 여학생의 48.3퍼센트, 중학교 여학생의 73.8퍼센트가 화장을 했어. 어린이든 청소년이든 마르고 예쁜 연예인의 외모를 선망하며 얼굴과 체중, 몸매 등에 신경 쓰지.

획일적 아름다움을 주입하는 대중 매체

자기 외모에 대한 불만은 어린이와 청소년에게도 예외 없이 나타나지. 2016년 통계청 조사에 따르면, 청소년이 주로 고민하는 문제는 공부, 진로(직업), 외모 순이었어. 16개국의 중학교 1학년을 대상으로 조사했더니, 외모 만족도에서 한국 청소년이 16위로 최하위였어. 대체 왜 어린 청소년들까지 자기 외모를 못마땅하게 여기는 걸까? 대중 매체와 사회가 획일적인 아름다움을 주입한 탓이야. 텔레비전 만화에 등장하는 여자 주인공은 하나같이 마른 체형에 커다란 눈을 하고 있어. 여자 아이돌은 어떻고. 하나같이 비쩍 마른 몸매에 작은 얼굴뿐이야.

인구 80만 명의 작은 섬나라 피지는 이에 관한 극적인 예를 보여 주고 있어. "너 요즘 살쪄 보인다."라는 말은 한국에선 험담이지만 피지에선 칭찬이었어. 전통적으로 통통한 몸매를 선호했기 때문이야. 그런데 1995년에 방송국이 들어서고 텔레비전이 대중화되면서 상황이 달라졌어. 피지 방송국들은 자체적으로 방송을 제작할 능력이 부족하다 보니 외국 프로그램을 수입해 방영했어. 그 결과, 1995년 이후 피지에서 나고 자란 세대들은 예쁜 몸에 대한 기준이 완전히 바뀌었지. 오랫동안 예쁜 몸으로 여겨졌던 '풍만한 몸매'는 더 이상 예쁜 몸이 아니게 됐어. 대신 날씬한 외국 연예인의 몸매가 예쁜 몸의 기준으로 자리 잡았지.

그에 따라 거식증과 같은 식이 장애를 앓는 여성도 급증했어. 예전에는 날씬한 몸매에 대한 강박이 없었으므로 거식증도 거의 없었는데 말이지. 몸매 관리에 압박감을 느끼고 지나친 체중 감량을 시도하다가 거식증에 걸린 거야. 피지의 사례는 대중 매체의 위력을 잘 보여 주지.

아름다움을 강요하는 사회

미용 산업은 '아름다워질 권리'를 속삭이지만, 몸을 아름답게 가꾸는 일은 자유보다 의무에 가깝지. 아름다운 여성과 못생긴 여성에게 각기 다르게 주어지는 사회적 보상과 제재가 여성들에게 아름다움의 의무를 강요하고 있어. 다른 조건이 같을 때 아름다운 쪽이 더 보상을 받지. 예를 들어, 결혼 시장에서 아름다운 여성일수록 능력 있는 남자를 만날 가능성도 높아지거든.

제재는 뚱뚱하고 못생긴 외모에 따른 배제와 차별이야. 예를 들어 비만은 게으름, 무절제, 무능력으로 여겨지곤 해. 직장에서 뚱뚱한 여성은 "자기 몸도 통제하지 못하면서 업무와 부하 직원을 어떻게 통제해?"라는 식으로 비난받기 일쑤거든. 외모에 대한 지나친 비교와 열등감과 불만족, 외모 관리에 대한 집착과 몰두도 모두 외모 차별과 무관하지 않아.

아름다움을 둘러싼 보상과 제재가 없다면 아름답고 싶은 마음은 순수한 본능이나 자유라고 말할 수 있겠지. 그러나 현실은 외모에 대한 보상과 제재로 가득해. 이러한 현실 속에서 획일적인 외모와 꾸미기가 강요되지. 여성은 날씬해야 한다, 여성은 꾸밀 줄 알아야 한다, 여성은 브래지어를 착용해야 한다, 여학생은 치마 교복을 입어야 한다……. 브래지어 착용이나 치마를 입는 것은 어디까지나 개인이 선택할 문제 아닐까? 그런데 사회는 개인의 선택을 의무로 강제하지. 법적 의무는 아니지만 사회적 의무로 말이야.

탈코르셋, 자유를 향한 움직임

2018년 칸 국제영화제에서 배우 크리스틴 스튜어트가 레드카펫 위에서 하이힐을 벗었어. 현장에 있던 사람들은 때마침 내린 비 때문에 미끄러질까 봐 신발을 벗었다고 생각했지. 그러나 그의 행동은 의도된 퍼포먼스였어. '영화제에 참석하는 여성은 하이힐을 신어야 한다.'는 칸 영화제의 엄격한 드레스 코드에 대한 항의 퍼포먼스였지.

크리스틴 스튜어트가 보여 준 행동을 '탈코르셋'이라고 불러. 코르셋은 과거에 여성들이 날씬해 보이기 위해 입었던 몸매 보정 속옷이야. 서양에서는 16세기부터 가녀린 허리가 미인의 조건이었어. 허리를 가늘게 보이려고 숨쉬기 힘들 정도로 꽉 조이는 코르셋을 입었지. 코르셋의 부작용으로 호흡 곤란으로 인한 졸도, 내장 손상, 갈비뼈 기형, 심지어 사망에 이르기도 했어. 이렇게 여성의 몸과 마음을 옥죄는 것들을 거부하는 움직임이 탈코르셋이야.

탈코르셋 운동은 1968년에 시작됐어. 미스아메리카를 선발하는 행사

장에 일부 여성 운동가들이 난입해 "더 이상 미스아메리카는 없다."라고 외쳤지. 이들은 행사장 밖에 '자유의 쓰레기통'을 가져다 놓고 하이힐, 화장품, 브래지어 등을 버리는 퍼포먼스도 벌였어. 이들 물건이 '강요된 여성성의 상징이자 여성을 고문하는 도구'라고 봤거든.

최근의 탈코르셋은 화장, 긴 머리 등 사회가 강요하는 여성성을 부정하는 운동으로 젊은 여성들 사이에서 싹트기 시작했어. 2018년 초부터 일부 여성들이 립스틱, 아이섀도 등의 화장품을 뭉개고 부러뜨린 사진에 '#탈코르셋_인증'이라는 해시태그를 달아서 SNS에 올렸지. 여성들은 다양한 방식으로 탈코르셋을 표출하고 있어. 일부러 머리카락을 짧게 자르고 팔다리와 겨드랑이에 난 털을 깎지 않지.

보도블록을 들어내라

2018년 4월, 임현주 MBC 아나운서가 안경을 끼고 뉴스를 진행하자 검색어 상위에 오르고 관련 기사가 쏟아졌어. '여성 앵커는 안경을 쓰지 않는다.'는 불문율을 깬 최초의 사례였거든. 방송사에서 여성의 복장은 그동안 일정한 규범을 요구받았지. 탈코르셋은 쉬운 일이 아니야. 2019년 가수 설리가 스스로 목숨을 끊었어. 생전에 설리는 일명 노브라, 즉 브래지어를 하지 않은 사진을 공개해 공격받았어. 악플에 시달리던 설리는 끝내 목숨을 끊었지.

타인의 외모나 옷 등을 평가할 자격은 누구에게도 없어. 어떤 사람의 외모나 옷이 주변 사람들에게, 더 나아가 사회에 피해를 주지 않는 이상 말이야. 이를테면 옷에 날카로운 장신구가 달려 있어서 주변 사람에게 피해를 준다면 항의할 수 있겠지. 그런 경우가 아니라면 타인의 옷에 참견해선 안 돼. 자신의 미적 기준에 어긋난다고 타인을 함부로 평가하면 언젠가 자신도 함부로 평가받게 되지.

생각과 행동을 가로막는 장애물을 걷어 내면 모두가 자유로울 수 있어. 1968년 프랑스에서는 사회 변화를 요구하는 '68혁명'이 일어났지. 당시 파리 청년들은 벽에 이런 낙서를 썼어. "보도블록을 들어내라. 그 아래 바다가 있다." 보도블록을 깔고 그 위로만 다녀야 한다고 생각하지만, 보도블록을 들어내면 어디로든 자유롭게 갈 수 있는 바다가 숨어 있다는 거야. 보도블록 위에는 하나의 길뿐이지만, 그 아래는 사방으로 뻗은 무한의 길이 있지.

순수성의 악마에 사로잡혀,
인간은 자기 주위에 죽음과 파멸을 뿌린다.
—미셸 투르니에

5

다문화와 인종 차별

나는 까만 한국인

"제 꿈은 댄스 가수입니다."

꿈 자랑 발표회 시간에 교실 앞으로 나간 나는 마이클 잭슨의 음악에 맞춰 몸을 움직였다.

선생님은 눈이 동그래지며 놀라셨다.

"오, 마이클 잭슨? 쉽지 않을 텐데……."

요즘 뜨는 아이돌 그룹도 아니고 웬 마이클 잭슨이냐고? 모르는 말씀. 댄스 음악의 뿌리를 거슬러 올라가면 마이클 잭슨을 만나게 된다.

몇 분간 신나게 몸을 흔들었더니 등줄기에서 땀이 주르르 흘러내렸다. 내 춤을 본 선생님은 환하게 웃더니 손뼉을 짝짝 소리 나게

쳤다. 아이들은 박수를 치는 듯 마는 듯 건성으로 쳤다. 그래도 그때까지는 좋았다.

쉬는 시간, 몇몇 아이가 내 옆을 지나가며 수군거렸다.

"역시 깜둥이라 깜둥이 춤을 잘 추나 봐?"

이런 일을 겪을 때마다 예전 일이 떠올라 더 괴로웠다. 마치 어제 겪은 것처럼 과거의 일들이 생생하게 되살아났다. 흑인, 깜시, 니그로, 짜장면, 초콜릿, 아프리카……. 나를 놀리는 별명은 한두 개가 아니다.

'처음도 아니잖아. 울지 마, 홍성우!'

눈물이 나올 뻔했지만, 언제나 그랬듯이 꾹 참았다.

처음에는 엄마를 원망하기도 했다. 왜 우리 엄마는 남들 엄마와 다를까? 엄마가 필리핀 사람이 아니라면 얼마나 좋을까?

아이들에게 처음으로 놀림을 받았던 날, 나는 수십 번도 넘게 얼굴을 씻었다. 때수건으로 내 얼굴을 박박 문질렀다. 다음 날, 얼굴은 화난 사람처럼 벌게졌다.

학교생활은 비슷했고 늘 재미없었다. 내 시선은 창밖 혹은 달력에 가닿곤 했다. 수업 시간에 멍하니 창밖을 내다보는 날들이 이어졌다. 마치 창이 끌어당기기라도 하는 것처럼 나는 자꾸만 창밖을 내다봤다.

'차라리 저 달력이 됐으면……'

수업 중에 나는 그런 생각을 자주 했다. 교실 벽에 걸린 달력처럼 아무도 신경 쓰거나 거들떠보지 않는 그런 존재가 되고 싶었다. 있어도 있다는 걸 모르고, 없어져도 아무도 모를 그런 존재. 아무도 내게 관심을 갖지 않기를 바라고 또 바랐다.

하굣길은 늘 혼자였다. 학교에서 집으로 가는 길은 개천을 따라 이어져 있었다. 나는 버스가 획획 지나가는 개천 길을 따라 걸어야 했다. 물은 어느 쪽으로 흐르는지 짐작하기 어려울 정도로 잔잔했다. 저 물은 내가 태어나기 전에도 흘렀겠지? 그리고 내가 사라지고 나서도 흐르겠지? 그런 생각을 하면 이상한 느낌이 들었다. 다리 위에서 흘러가는 물을 보고 있으면 나도 모르게 뛰어내릴 것 같은 기분마저 들었다. 떨어질까 두려우면서도 알 수 없는 어떤 힘이 끌어당기는 느낌이었다.

나는 현관문을 "쾅!" 요란하게 닫았다. 엄마가 현관문을 살살 닫으라고 몇 번이나 말했지만, 버릇이 돼서 그런지 잘 안 고쳐졌다. 애꿎은 현관문이 유일한 나의 분풀이 대상이었는지도 모르겠다.

집에 들어서니 매운 내가 가득했다. 엄마가 출근 전에 멸치와 꽈리고추를 볶았나 보다. 내가 좋아하는 반찬이다. 엄마는 바삐 반찬을 만들고 밥 한술 못 뜬 채 출근했을 것이다. 보나 마나 뻔했다.

동생이 방바닥에 낙서를 하고 있었다. 종이를 쥐여 줘도 꼭 방바닥에 낙서를 한다.

"영우야, 방바닥에 하지 말라고 했잖아."

동생은 깜짝 놀라서 종이에 그림을 그리다 얼마 지나지 않아 다시 방바닥에 그림을 그렸다. 몇 년 전까지만 해도 작은 분홍 혀를 놀려 무슨 말인지도 모를 말을 마구 종알대던 녀석이 이제 제법 컸다. 달라진 게 있다면, 그때는 정말 그 작은 입을 쉴 새 없이 움직였는데 지금은 말수가 많이 줄었다는 점이다.

"이 녀석, 나중에 장판 디자인할 건가 봐."

엄마는 동생이 무슨 짓을 해도 좋게 말했다. 엄마는 나와 동생이 씩씩하게 자라 주길 바랐다. 그래서 늘 힘주어 말하곤 했다.

"성우야, 누가 널 놀리거나 때리면 어떻게든 맞서 싸워. 알았지? 절대로 가만히 있지 마!"

그러나 나는 맞서 싸우지 못했다. 엄마는 그 사실을 전혀 모르는 듯했다.

"형아, 라면!"

녀석은 맨날 라면 타령이다.

"엄마가 반찬 만들어 두고 나가셨잖아."

"라면, 형아!"

동생 눈빛이 흔들리는 걸 보니 안 끓여 주면 또 울 심산인가 보다. 동생은 한번 울음이 터지면 고장 난 수도꼭지처럼 멈추지 않았다.

"알았어. 조금만 기다려."

딱, 딱, 딱. 가스레인지는 손잡이를 여러 번 돌린 뒤에야 겨우 불이 붙었다.

특이하게 동생은 라면 불을 끄고 달걀 넣는 걸 좋아했다. 커서 미식가나 음식 평론가가 되려는지, 어린놈 입맛이 여간 까다롭지 않았다. 식탁에 라면 냄비를 내려놓고 달걀 두 개를 풍당 빠뜨렸다. 냄비에서 기세 좋게 올라오던 뜨거운 김에 달걀 두 개만큼 구멍이 났다.

대접 두 개에 라면을 퍼 담았다. 엇비슷하게 나눠 담은 뒤에 대접 하나를 동생 앞에 내밀었다. 그런데 자꾸 내 라면이 더 많단다. 그래서 내 대접과 동생 대접을 바꿔 줬다. 그래도 자꾸 내 라면이 많단다. 어쩌라고? 순간 짜증이 났지만, 울리기 싫어서 참았다. 여러 차례 바꾼 끝에 결국 처음대로 먹기로 했다. 그 사이 라면은 퉁퉁 불어 있었다.

"형아, 나 오줌."

한 방울 남은 국물까지 다 들이켜자마자 화장실에 가잔다. 오줌을 누이고 거울을 들여다봤다. 거울 가장자리에 희뿌연 얼룩이 져 더러웠다. 엄마는 부지런히 집을 쓸고 닦았지만, 원체 낡은 집이라 아무리 쓸고 닦아도 티가 나지 않았다.

거울 속 내 모습은 까만 피부에 곱슬머리, 짙은 쌍꺼풀…… 누가 봐도 딱 동남아 사람이다. 짙은 눈썹이 도드라져 보였다.

눈썹이 너무 짙어서 건방져 보이는 걸까? 아니면, 내 검은 피부가 싫어서일까? 학년이 바뀌어도 아이들은 똑같았다. 작년과 다른 아이들인데도 놀릴 때는 한결같았다. 저희끼리 '놀림 참고서'라도 돌려 보는 걸까? 아무리 생각해도 신기했다.

책상에 앉아 창가를 바라봤다. 해의 발치가 서산에 이제 막 걸쳐졌나 보다. 마지막 햇살이 창으로 길게 들어오고 있었다.

집에서 내가 하는 일은 주로 두 가지이다. 유튜브 영상 등을 보면서 춤을 연습하거나 도서관에서 빌려 온 책을 읽는다. 책은 무슨 책이나 잘 읽었다. 동화책도 읽고 역사책도 보고 과학책도 보고……. 특히 역사책을 많이 읽었다. 책장에는 역사책이 가득했다.

힘들어도 힘들다고 말하지 못했다. 힘들다는 말을 들어 줄 사람이 아무도 없었다. 지방 공사 현장을 돌며 일하는 아빠는 집에 있는 날이 거의 없었다. 엄마도 아침에 잠깐 얼굴을 볼 뿐이었다. 그리고 부모님이 집에 있더라도 나는 그런 말을 하고 싶지 않았다. 특히 엄마 앞에서는 더더욱 그랬다.

부모님이 없는 집에서 나와 동생 둘이서 잠자리에 들었다. 엄마 옆에 누워서 조잘대다가 잠든 적이 언제였더라? 까마득하다. 잠자리에서는 이불을 눈썹까지 끌어 올렸다. 언제부터인가 그렇게 하지 않으면 잠이 안 왔다. 잠이 들면 언제나 낮게 코를 골았다. 아니, 엄마 말로는 곤다고 한다. 몸이 피곤한 것도 아닌데, 늘 코를 골면서 잔다고 한다. 정신적으로 피곤해서일까?

학교는 전혀 재미가 없었다. 오늘이 어제 같고, 어제가 그제 같은 날들이 이어졌다. 그러다 교내 퀴즈 대회 소식이 전해졌다. 대회 이름은 '나라 사랑. 도전! 골든벨'이라고 했다. 우리나라 역사와 문화를 얼마나 잘 아는지 겨루는 퀴즈 대회였다.

전교생이 전부 참여하는데, 먼저 각 반에서 간단한 퀴즈로 대표 2명을 뽑는다고 한다. 그래서 전체 50개 학급에서 뽑힌 최종 100명이 골든벨 형식으로 치르는 대회란다. 끝까지 살아남은 한 명이 최종 우승자가 된다.

나는 집에 가자마자 책장에서 역사책을 죄다 꺼내 방바닥에 펼쳐 놨다.

"형아, 뭐해?"

"형, 공부해야 하니까 텔레비전 보면서 놀고 있어. 이따 라면 끓여 줄게."

라면을 끓여 준다는 말에 영우는 더 이상 귀찮게 하지 않고 텔레비전 앞으로 쪼르르 걸어갔다.

나는 책을 한 권씩 독파해 갔다. 평소에도 여러 번 읽었던 터라 빠르게 읽을 수 있었다. 그리고 노트를 꺼내 예상 문제를 적어 보았다. 그렇게 해서 수십 장에 걸쳐 수백 개의 예상 문제를 만들었다. 뿌듯했다.

며칠 뒤 반에서 진행된 예선전을 가볍게 통과하고 본선에 진출했다. 강당에는 전교생이 다 들어갈 수 없어서 응원단 일부만 참관하고 대부분의 학생은 교실에서 모니터로 지켜봐야 했다.

"고구려의 영토를 가장 크게 넓힌 왕은 누구일까요?"

첫 번째 문제는 비교적 쉬운 편이었다. 모두 통과했다. 역시 예선전을 통과한 학생들이라 이 정도쯤이야 하는 표정이었다.

"고구려 유민이 세운 나라는 무엇일까요?"

"백제를 세운 온조는 누구의 아들일까요?"

"삼국 가운데 일본에 가장 많은 문물을 전해 준 나라는 어디일까요?"

"바닷길로 당, 신라, 일본을 잇는 국제 무역을 한 사람은 누구일까요?"

문제가 계속될수록 탈락자들이 조금씩 늘어났다. 주변을 살짝 살펴보니 대략 60~70명이 남은 것 같았다.

"팔만대장경의 경판 개수는 몇 개일까요?"

앗, 1차 고비다. 숫자가 살짝 가물가물했다. 조금 긴장이 됐다. 아무래도 이 문제에서 많이 탈락할 것 같았다.

"정답은 8만 1258개입니다."

휴, 다행히 맞혔군. 이번 문제에서 거의 반 정도가 탈락한 것 같았다. 대충 보니 30명 정도가 남은 듯했다. 이후로도 쉬운 문제와 어려운 문제가 뒤섞여 나왔다.

"거란의 1차 침입을 담판으로 승리한 사람은 누구일까요?"

"몽골의 침략에 끝까지 맞서 싸운 군대 이름은 무엇일까요?"

"세계에서 가장 오래된 고려의 금속 활자본은 무엇일까요?"

"임진왜란 때 조선군이 크게 승리를 거둔 3대 해전은 무엇일까요?"

"이순신 장군이 전사한 전투는 무엇일까요?"

"조선 시대 최고의 과학자 장영실의 발명품 3개를 적어 보세요."

"일본이 우리의 주권을 빼앗은 조약은 몇 년도에 체결됐나요?"

분위기가 고조되자 교장 선생님이 최종 우승자가 나온 반에 피자를 쏘겠다고 선언했다. 아이들의 응원 열기가 더 뜨겁게 달아올랐다. 우리 반 아이들이 내 이름을 부르며 응원해 주었다. 기분이 이상했다.

"상하이 임시정부 초대 대통령은 누구일까요?"

"애국가 4절의 가사를 적어 보세요."

문제가 거듭될수록 남아 있는 학생 수는 눈에 띄게 줄어들고 있었다.

"우리나라의 가장 남쪽 섬과 서쪽 섬은 무엇일까요?"

이제 단 두 명만이 남았다.

사회자 선생님이 최종 문제를 큰 소리로 읽었다.

"태극기에 있는 사괘, 건곤감리는 각각 무엇을 뜻할까요?"

나는 자신 있게 하늘, 땅, 물, 불을 써 내려갔다. 다른 학생은 머리를 쥐어뜯다 결국 충, 효, 의, 신이라고 썼다.

"정답은 하늘, 땅, 물, 불입니다."

믿기지 않았다. 6학년 형, 누나 들을 이기고 전교생 중에서 최종

우승자가 되다니. 우리 반 아이들이 우레와 같은 함성을 질렀다. 그날 우리 반은 배 터지게 피자를 먹었다. 다들 내 어깨를 두드리며 잘 먹었다고 한마디씩 했다. 최고라며 엄지를 치켜세우는 아이도 있었다. 학교에서 어깨가 우쭐해지기는 처음이었다.

집으로 가는 발걸음이 가벼웠다. 단풍나무들이 각각의 잎마다 모두 곱게 물든 저녁 어스름이었다. 단풍나무들은 저마다 고운 빛깔을 드러내지만, 자기 빛깔이 최고라고 뽐내지 않았다. 우리도 그렇게 산다면 얼마나 좋을까? 그런 생각이 들었다.

그날 이후로 나는 반 아이들과 부쩍 가까워졌다. 멀거니 창밖이나 달력을 보는 일도, 우두커니 서서 흘러가는 물을 보는 일도 줄었다. 그리고 나 스스로도 내 까만 피부를 덜 신경 쓰는 것 같았다. 그저께는 반 아이들이 과제를 위해 만든 인터넷 카페에 가입하면서 '까만 한국인'이라는 닉네임을 쓰기도 했다.

피부색은 달라도 난 한국인이다. 전에는 그냥 '까만 아이'였지만, 이젠 확실히 '까만 한국인'이다. 피부가 새까매서 외국인 같아도 입을 열면 영락없는 한국인이다. 만약 마스크라도 쓰고 말한다면 내가 '혼혈'이라는 걸 누가 알겠나? 그래서 사람들이 나를 신기하게 보는지도 모르겠다. 생긴 것은 꼭 외국인인데 말하는 건 여느 한국 아이와 똑같으니까.

한국인으로 태어났더라도 한국에 대해서 외국인만큼 모른다면 진짜 한국인이라고 말할 수 있을까? 누가 진짜 한국인일까? 한국인처럼 생겨야 한국인일까, 한국을 잘 알아야 한국인일까? '나라 사랑. 도전! 골든벨'에서 우승한 내가 진짜 한국인이다. 까만 진짜 한국인!

다름이 공존하는 사회

예전에는 크레파스 연주황색을 살색이라 불렀어. 사람들마다 피부색이 다른데 특정 색깔만 살색이라 부르면 나머지 피부색은 뭐가 되겠어? 특이한 피부색? 또는 비정상적인 피부색? 그렇게 생각할 가능성이 다분하지. 즉, 특정 색만을 살색이라고 부르는 건 인종차별이 될 수 있어. 그래서 국가인권위원회는 이 표현이 헌법에 규정된 평등권을 침해할 수 있다며 한국기술표준원에 살색이라는 명칭을 바꿀 것을 권고했지. 2011년 8월에 있었던 일이야. 이후에 살색 대신 살구색으로 표기하고 있어. 살색은 사라졌지만, 피부색에 따른 차별은 사라지지 않았어.

누구는 되고, 누구는 안 되고

2018년 결혼한 한국인 10명 중 1명은 외국인과 결혼했어. 정부 발표에 따르면, 2018년 외국인 주민 수는 205만 명을 넘어섰어. 전체 인구 5162만 명 중 3.9퍼센트에 해당하지. 전라북도의 전체 인구가 181만 명이야. 정부는 외국인 주민이 계속 늘어나 2030년이면 인구의 6퍼센트를 넘을 거라고 예상하지.

여성가족부가 일반 국민의 다문화 수용성을 조사해 본 결과, 2015년

54점을 기록했던 다문화 수용성이 2018년에는 52.8점으로 하락했어. 학교 폭력을 경험한 다문화 학생도 2015년 5.0퍼센트에서 8.2퍼센트까지 늘어난 상태야. 2016년 여성가족부가 발표한 자료에 따르면, '외국인 노동자와 이민자를 이웃으로 삼고 싶지 않음' 항목에 한국은 31.8퍼센트가 그렇다고 대답했어. 다문화 수용성이 가장 높은 스웨덴(3.5%)과 비교해 매우 높은 수치였지.

서울의 강남역 주변 거리는 사람들로 가득하지. 그곳에서 한 외국인이 지나가는 사람들에게 "실례합니다. 코엑스 몰은 어디에 있나요?"라고 길을 물었지. 대부분 미소를 지으며 길을 가르쳐 주려고 애썼어. 그 외국인은 백인이었지. 하지만 동남아인이 길을 물으면 어떨까? 대부분의 사람이 외면하며 피했어. 2009년 EBS에서 방송된 실험 내용의 일부지. 대개의 한국인은 백인에게 지나칠 정도로 친절한 편이지만, 흑인이나 동남아인에게는 정반대야.

앞에서 난민을 다룰 때 GDP 인종주의를 이야기했지? GDP가 중요하지 않은 건 아니지만, 경제 규모로 그 나라 사람을 판단하는 건 유치하지. 미국에서 왔다고 모두가 부유한 것도 아니고, 중국에서 왔다고 모두가 가난한 것도 아니잖아? 가령 부동산과 금융 자산을 합쳐 100만 달러(우리나라 돈으로 약 11억 7000만 원) 이상 보유한 중국인은 444만 명이나 돼. 우리나라는 74만 명쯤 되니까 중국이 한국보다 6배 더 많은 거야.

단일 민족이 있을까?

한민족이 처음 세운 국가, 고조선. 고조선의 건국 신화는 다들 알고 있지? 사람이 되고 싶어 한 곰과 호랑이 중 곰이 하느님의 아들인 환웅과 혼인해 단군을 낳았다는 얘기 말이야. 단군 신화는 곰을 숭배하는 부족과 환웅을 떠받드는 부족의 결합으로 해석돼. 하늘에서 내려왔다는 환웅은 외부에서 들어온 이주 세력일 가능성이 크지.

또 하나, 고조선 역사에는 '위만 조선'이 빠질 수 없어. 위만은 중국의 연나라 관리였는데, 천여 명의 무리를 이끌고 고조선에 망명했지. 그러니까 위만 조선은 중국 유민들이 고조선에 유입돼 토착 세력과 연합한 것으로 이해되고 있어.

유전자를 분석해 한국인의 기원을 추적하면 어떻게 될까? 이홍규 서울대 의대 교수는 《한국인의 기원》이라는 책에서 부계를 알려주는 Y염색체의 경우 북아시아인은 주로 O형, 남아시아인은 C·D형인데, 한국인은 O형과 C·D형이 섞여 있다고 주장하지. 한국인 유전자의 70퍼센트는 북방계이고, 30퍼센트는 남방계라고 해. 즉, 한국인은 북방 몽골로이드와 남방 원주민의 피가 섞여 형성됐다는 거야. 역사적 증거 말고 과학적 근거 역시 한국인의 유전적 다원성을 뒷받침하지.

"우리 조상은 단군 할아버지고, 우리는 단일 민족이다." 어렸을 때 학교에서 배우는 내용이야. 단일 민족은 과학이나 역사적 사실에 근거한 게 아니지. 한민족의 순수성 같은 건 없어. 한국인을 단군의 자손이라고 말하는 것은 같은 지역에서 오랜 역사를 함께 해 왔다는 동질성을 강조하기 위한 상징적 표현으로 이해하는 게 맞지. 즉, 혈통이 단일한 게 아니라 그저 전통과 문화가 단일한 거야. 수천 년 역사에서 여러 종족이 시루떡처럼 켜켜이 쌓여 있다는 거지.

역사로 보는 다문화적 특성

고구려는 넓은 영토를 거느린 대제국이었어. 넓은 영토를 어떻게 관리했을까? 여러 민족이 넓은 땅에서 어울려 살았지. 고구려는 다민족 국가였어. 지배층이 한민족이었다 해도, 고구려가 다민족 국가라는 사실은 변함이 없지. 5세기 중엽, 중국의 북연이 멸망하면서 그곳에 살던 이들이 고구려로 넘어왔어. 《삼국사기》에는 고구려로 넘어오는 사람들의 행렬이 80리에 이르렀다고 나와 있지. 31킬로미터에 달하는 길이야.

신라, 백제의 역사에도 다문화적 특징이 나타나지. 신라 네 번째 왕이었던 석탈해는 바다를 건너온 이민족 출신이었어. 신라에서 가장 많은 왕을 배출한 경주 김씨의 시조인 김알지는 흉노족(스키타이족)의 후손으로 알려져 있지. 백제의 시조인 온조는 고구려 시조왕 주몽의 아들이야. 온조는 고구려에서 무리를 이끌고 남쪽으로 내려왔어. 그래서 역사학자들은 북방계 세력이 토착 세력을 흡수해 백제가 형성됐다고 보지.

호조에서 보고하기를, "내년을 염려하지 않을 수 없습니다. 청컨대 올적합, 올량합(여진족), 왜인(왜나라 사람), 회회(아랍계 무슬림) 등에게서 토지를 받고 (중략) 월급을 없애서 비용을 줄이십시오."라고 했다. 임금이 그대로 따랐다.

-《태종실록》, 태종 16년(1416) 5월 12일

당시에 여진족, 일본인, 아랍인 들이 조선에서 어울려 살았지. 그것도 그냥 사는 것이 아니라 나라의 녹을 받아 먹고살았어. 인용문은 그 비용을 줄이자는 상소 내용이야.

다름의 가치-창의성

창의성과 다양성은 서로 다른 성질처럼 보이지만, 사실 밀접한 관련을 맺고 있어. 어려운 문제를 풀려면 능력이 뛰어난 사람을 모아 놓으면 된다고 생각하지. 그러나 많은 사회과학 연구들은 능력이 뛰어난 동질적인 사람들로 이루어진 조직보다 능력은 다소 떨어지더라도 다양한 경험과 배경을 가진 이질적인 사람들이 모여 협력하는 조직이 높은 성과를 낸다는 사실을 뒷받침해.

　미국 미시간대학의 스콧 페이지 교수는 다양성이 능력보다 중요하다고 강조하지. 그는 참여자들을 두 그룹으로 나누어 실험했어. 한 그룹은 IQ(지능 지수)가 130이 넘는 박사들로 구성됐고, 다른 그룹은 IQ는 낮지만 다양한 분야의 전문가들로 구성됐지. 문제 해결 능력을 측정해 보니, 후자 그룹이 더 뛰어난 성과를 보였어. 사람마다 문제 해결을 위한 다른 연장 세트를 가지고 있는데, 이질적인 그룹이 동질적인 그룹보다 많은 연장을 가진 덕분이었지.

　제2차 세계 대전 당시 독일은 에니그마(Enigma, '수수께끼'라는 뜻)라는 암호 기계를 보유하고 있었어. 에니그마의 암호는 너무도 복잡해서 아무도 풀지 못했지. 그런데 놀랍게도 영국군이 암호를 풀어내는 데 성공했어. 비결은 바로 다양성에 있었지. 영국 정보부는 배경과 직업, 출신 등이 각기 다른 사람들로 팀을 꾸렸어. 각양각색의 사람들이 모인 덕분에 암호를 해독할 수 있었던 거야.

다름의 가치-생존

　다양성은 창의성 발현의 기본이라는 점에서 중요하지만, 그보다 더 중요한 측면이 있어. 바로 생물 다양성이야. 어떤 집단을 이루는 개체들이 모두 똑같다면 내부적 갈등은 일어나지 않을지 몰라. 하지만 자연환경의 갑작스러운 변화 같은 외부 요인에는 매우 취약할 수밖에 없지. 변화에 대한 대응이 획일적이기 때문이야. 예를 들어 들판에 같은 종의 감자만

심었다고 해 봐. 만약 그 종에 치명적인 전염병이 돌면 어떻게 될까? 전멸이지.

생물 다양성은 생물의 생존에 결정적 역할을 하며, 이는 인간에게도 중요해. 동식물이 사라지면 동식물을 식량으로 하는 인간도 위험해질 테니까. 이처럼 다양성은 인간의 생존을 위해서도 없어선 안 될 가치야.

실제로 그런 일이 있었어. 1847년, 아일랜드에서 대기근이 발생했지. 800여만 명의 아일랜드 인구 중 100여 만 명이 사망했고, 300여 만 명이 해외로 이주했어. 대기근의 원인은 감자였지. 감자는 아일랜드인의 주식이었는데, 감자 마름병이 퍼져 수확량이 급감한 탓이었어. 당시 단일 품종의 감자만 재배하던 아일랜드는 피해가 컸어. 만약 여러 종류의 감자를 재배했다면 병충해 피해를 줄일 수 있지 않았을까?

함께 어울려 살기

2011년, 노르웨이에서 끔찍한 테러가 발생했어. 안데르스 베링 브레이비크라는 극우 테러리스트가 100여 명을 죽인 사건이었지. 그런데 인터넷에 올린 선언문에서 그는 가장 좋아하는 나라로 한국과 일본을 지목했어. 이민자가 없는 사회라는 이유 때문이었지. 나중에 법정에서 그는 "한국과 일본은 단일 문화를 가진 완전한 사회"라고 말하기도 했어. 한국이 광신적 테러리스트의 칭송을 받았다는 사실은 단일 민족 신화의 씁쓸한 이면 아닐까?

그러나 앞서 말한 것처럼 단일 민족은 성립하기 어려워. 장벽을 쌓고

완벽히 고립된 생활을 하지 않는 이상 말이야. 전 세계의 모든 나라와 민족이 교류하며 발전해 왔지. 정도의 차이만 있을 뿐 예외는 없어. 교류하고 뒤섞인 문명만이 더 강력하고 위대한 문명을 일궈 대제국을 이루었어. 페르시아, 로마, 몽골 등이 대표적이지. 이들의 공통점은 타민족과 그 문화에 관용적이었다는 점이야.

대제국을 통한 문명 교류는 전 세계적인 규모로 진행됐어. 최근에는 이를 '세계화'라고 불러. 교통·통신의 발달로 상품과 서비스, 자본과 노동력 등의 이동이 활발해지면서 국경의 장벽이 낮아진 결과지. 세계화와 다문화는 동전의 양면이야. 한국인이 세계로 나가서 섞이면 세계화고, 외국인이 한국으로 들어와 섞이면 다문화거든. 그런데 세계화는 세련되고 진취적인 느낌이 들지만, 다문화는 촌스럽고 후진적인 느낌이 들지 않아? 우리의 이중적 잣대 때문이겠지.

누군가를 그가 속한 집단에 따라 함부로 평가해선 안 돼. 집단의 가치로 완전히 수렴되는 사람은 없거든. 부자라고 교양 있고 친절한 건 아니야. 명문대를 나왔다고 모든 능력이 출중한 것은 아니지. 기업에서 인재를 채용할 때 지원자의 출신 대학이 고려 요소가 될 순 있겠지만 출신 대학만을 따져선 안 되겠지. 무리로 평가하지 말고 한 사람 한 사람으로 대할 필요가 있어. 모두가 저마다의 인격과 개성을 지니고 있으니까.

대부분의 사람은 '참여'할 때 가장 공부를 잘한다.
―이반 일리치

민주주의

촛불의 바다에 뜬 섬

Y의 시선은 휴대전화 시계에 꽂혀 있었다. 퇴근 시간에 집회까지 겹쳐 도로는 꽉 막혔다.

"에이, 무슨 촛불집회를 주말마다 해?"

Y는 나직한 소리로 불만을 터뜨렸다.

버스는 촛불집회 때문에 광화문 광장을 우회했다. Y가 창밖으로 눈을 돌렸는데, 거기에 조카 슬기가 서 있었다. 처음엔 긴가민가했는데, 다시 보니 분명 슬기였다. 휴대전화를 꺼내 조카에게 톡을 보냈다.

> 최슬기, 뭐 하니?

> 이모! 오랜만.

> 지금 어디야?

> 여기 광화문 광장 근처.

> 거긴 무슨 일로?

> 촛불집회 땜에.
> 이모 회사 근처 아니었나?

> 기억하고 있구나? 지금 어디쯤 있어?

> 쫌만 걸어가면 서울시청이야. 근데 왜?

> 시청에서 기다려!
> 이모가 너 보러 간다.

> 정말? 퇴근한 거 아님?

> 아니지~ 이따 봐.

 Y는 다음 정거장에서 하차한 뒤 시청 쪽으로 빨리 걸었다. 잠시 뒤 Y와 슬기는 반갑게 인사를 나눴다.
 "버스 타고 가는데, 마침 네가 보이더라."
 "아, 그랬구나. 이런 우연이 다 있네."
 "그러게 말이다. 여긴 혼자 온 거야?"
 "응. 친구들은 이런 데 별로 관심이 없거든."

"쪼끄만 게 겁도 없이."

슬기가 정색하면서 대꾸했다.

"이모! 나 안 어리거든. 이래 봬도 중3이야. 그리고 여기 되게 평화적인 분위기라서 무서울 거 전혀 없어."

"그러셔? 밥은 먹었어?"

"아직 못 먹었어. 이모, 우리 밥부터 먹을까?"

"그래. 추우니까 뜨끈한 거 먹자."

두 사람은 감자탕집으로 들어갔다. 뜨끈한 국물이 필요했다. 슬기는 돼지 등뼈가 풍덩 몸만 담그고 나간 것 같은 멀건 국물을 연신 떠먹었다.

슬기는 여느 여학생들과 다르지 않은 소녀다. 보이 그룹에 열광하고 패션에 관심이 많은 중학생. 슬기가 또래들과 다른 점이 있다면 정치에 대한 관심이 남다르다는 점이다. 할아버지의 영향이 컸다. 초등학교 때 맞벌이하는 부모님 때문에 학교가 끝나고 근처에 사는 할아버지 댁에서 지내는 날이 많았다.

슬기의 할아버지는 정치에 매우 관심이 많은 분이었다. 평생을 공무원으로 일했는데, 정당 활동 금지 규정 때문에 공무원 생활을 하면서 정당에 가입하거나 정당 활동을 할 수 없어서 늘 불만이었다.

"슬기는 왜 그렇게 정치에 관심이 많니?"

"음……. 할아버지 잘 만나서 그렇지. 이모, 혹시 헌법 읽어 본

적 있어?"

"헌법?"

"응."

"아니."

"난 할아버지랑 같이 읽어 봤는데, 생각보다 읽을 만하더라고. 이모도 언제 한번 읽어 봐."

"그래?"

"할아버지가 이 구절만은 꼭 외우고 다니라고 해서 외웠는데. '대한민국은 민주공화국이다. 대한민국의 주권은 국민에게 있고, 모든 권력은 국민으로부터 나온다.' 그럴듯하지 않아?"

"……."

"이 문장을 찬찬히 음미해 보면 되게 그럴듯하다니까. 아무튼, 민주주의는 한자로 쓰면 '民主主義'잖아? 국민(民)이 나라의 주인(主)이라는 뜻이잖아."

"슬기, 너 많이 유식해졌다?"

"할아버지랑 대화하면서 알게 된 거야. 스스로 찾아보고 배운 것도 좀 있지만. 아무튼, 이모는 이모가 나라의 주인이라고 생각해?"

"주인이라……. 그런 생각 별로 못 해 본 것 같은데……."

"그치? 그럴 줄 알았어. 나도 그랬으니까. 그런데 지금은 주인이라고 생각해. 이 나라의 주인은 나다! 나는……."

Y는 정치에 무관심했다. Y는 속으로 '얘가 왜 이런 데만 관심을 가질까? 난 별 관심도 없는데. 하여간 그래서?' 그런 생각을 하고 있었다.
 "이모! 내 얘기 듣고 있어?"
 "뭐? 어, 듣고 있어. 왜 그렇게 생각하는데?"
 "내가 이렇게 참여하면 나라가 바뀔 수 있다는 걸 경험했으니까."

"그래? 뭐가 바뀌었는데?"

"2016년 겨울에 박근혜 전 대통령 탄핵 촛불집회 때 말이야. 할아버지랑 정말 많이 나왔거든. 그때가 초등학교 5학년이었는데, 가을부터 시작해서 겨울을 거쳐 다음 해 봄까지 짧지 않은 기간 동안 촛불집회에 참여했거든. 독감에 걸려서 아팠을 때 빼고는 할아버지랑 매번 갔던 것 같아."

"네 엄마한테 얘기 들었어. 사돈 어르신이 애를 완전히 정치꾼으로 만들었다고. 아…… 이건 못 들은 걸로 해라. 알겠지?"

"알았어. 근데 나 정치꾼 아닌데?"

"내가 그렇게 생각하는 건 아니고……."

"알았어. 하여튼, 촛불집회 이후로 기존 대통령이 탄핵되고 새로운 대통령이 뽑혔잖아?"

"그랬지. 넌 투표도 못 했잖아?"

"응. 투표는 못 했지만, 나도 그 현장에 있었잖아. 사람들 말로는 그때 그 일들이 나중에 역사 교과서에 기록될 거래. 근데 내가 바로 그 현장에 있었단 말이지. 비록 수만, 수십 만 개의 촛불 중 하나였을 뿐이지만."

"……."

"그때의 사진을 볼 때마다 정확히 어떤 게 내 촛불인지는 모르겠지만, 그 촛불들 중 하나가 나였다는 사실에 뿌듯하지. 사실 내가 든 촛불이 어디에 있는지가 뭐가 중요하겠어. 그때 거기 모인 사람들이 다 비슷한 마음으로 나와서 참여했던 건데. 내가 너고, 네가 나인 거지."

"오, 제법인데?"

"그렇게 모인 촛불들이 잘못한 대통령을 물러나게 만들었잖아. 그래서 난 내가 이 나라의 주인이라고 생각해."

Y는 2016년의 겨울을 떠올렸다. Y도 밤마다 넓게 출렁이는 촛

불의 바다를 지켜봤다. 직장이 광화문 근처에 있다 보니 남들보다 더 가까이 지켜볼 수 있었다.

그러나 촛불이 환하고도 뜨겁게 밝혀지던 그때, Y는 차가운 어둠 속에 있었다. 한 번도 촛불을 켜 본 적 없이. 거대한 촛불의 바다가 일렁이는데도, Y는 그 바다 한가운데에 고립된 섬처럼 떠 있었다.

"그러서? 그래 네 말은 잘 알겠는데, 이모 생각에는 나중에 커서 해도 되지 않을까? 지금은 좀 어리기도 하고, 열심히 공부할 나이이기도 하고……"

"이모 좀 꼰대 같다?"

"내 얘기가 그렇게 들리나?"

"쫌. 이건 할아버지랑 얘기하면서 알게 된 건데. 이모, 초등학생들도 학교에서 반장 선거 같은 거 하잖아? 반장 선거를 왜 한다고 생각해?"

"그거야 반장이 필요하니까 그렇겠지. 담임이 일방적으로 반장을 지정하면 공정성에 시비가 일 테고."

"할아버지 말로는 민주주의를 경험하고 연습하는 거래. 어른들이 선거를 통해 대통령이나 국회의원을 뽑듯이 학생들이 자신을 대표할 대표자를 직접 뽑는 거래. 그래서 어른들 선거처럼 후보자들이 연설도 하고 선거운동 비슷한 것도 하고."

"음…… 그렇게도 볼 수 있겠네."

"할아버지가 그러시는데 어린이와 시민이 따로 있는 게 아니래. 투표할 수 있는 나이가 되면 시민으로, 그렇지 않으면 정치에 관심을 둘 필요가 없는 어린이와 청소년으로 구분할 수 없다는 거지. 그저 어릴 때부터 꾸준히 연습하고 참여하면서 민주 시민이 되는 거라고."

"그런가? 그래도 학생은 학생의 본분을 지켜야 하지 않나?"

"나도 예전에는 이모처럼 생각했는데, 그것만이 정답은 아닌 것 같아. 이모는 이모 주변에서 뭐랄까…… 비민주적인 경험을 해 본 적 없어?"

"비민주적인 경험?"

"응. 민주적이지 못한 관행이나 문화 같은 거 말이야."

"음…… 뭐가 있을까? 딱히 생각나는 건 없는 것 같은데……."

"그럼 지금까지 살면서라고 할까? 이모가 내 나이 때 사회에 아무런 불만이 없었어? 학교나 집안에서 말이야."

"음…… 학창 시절에는 교복 입는 게 불만이었던 것 같아. 추운 겨울에도 여학생들은 치마 교복을 입어야 했거든. 레깅스 같은 걸 치마 안에 받쳐 입을 수도 없었지. 몇몇 학생이 불만을 제기해도 학교는 꿈쩍도 안 했고. 그런 게 비민주적인 건가?"

"그렇게 볼 수 있을 것 같은데. 근데, 이모 말처럼 말이야. 학생은 자기 본분에 맞게 공부만 해야 한다, 학교 안에서든 밖에서든 자기 목소리를 내서는 안 된다, 그렇게만 생각한다면 그런 학교가 바뀔 수 있을까?"

"아마도 없겠지."

"할아버지가 그러셨는데, 우리 주변에는 그런 비민주적인 문화가 너무도 많대."

"생각해 보니까 우리 회사에 노조*가 없는 것도 비민주적인 문화겠다. 그런 게 바로 비민주적인 거겠네."

"할아버지는 공무원으로 일하면서 '정치적 중립 의무' 때문에 정당에 가입하거나 정당 활동을 못 한 걸 얘기하시더라고. 정당에 가입하는 것과 정치적 중립 의무는 별개라면서."

"그런가?"

"이모가 말한 노조가 없는 회사, 노조 활동을 은근히 압박하는 회사, 할아버지가 말한 공무원의 정치 활동을 금지하는 정부……. 할아버지는 우리 사회 곳곳에 스며 있는 그런 비민주적인 문화가 바로 민주주의를 머리로만 배우는 학교 교육의 결과라고 하셨어."

슬기는 자신의 생각을 힘주어 말했다.

"어린이나 청소년은 정치를 몰라도 된다고 생각하는 생각이 학교 교육을 더욱 왜곡한다고. 민주주의를 배우고 민주주의에 참여하는 건 나이 제한이 있는 게 아니라 어려서부터 자연스럽게 배우

✱ 노조는 노동조합의 줄임말이지. 노동자가 노동 조건을 개선하고 노동자의 사회적·경제적 지위를 향상시키기 위해 조직하는 단체야.

고 익히는 거라고. 그래야 사회 전반이 더 민주화될 수 있다고 말이야."

"우와, 슬기 정말 똑똑하네? 이제 우리 슬슬 나가 볼까?"

이모는 조카를 촛불집회에 혼자 보내는 게 걱정됐다.

"촛불집회에 너 혼자 보내기는 좀 그러네. 나도 같이 가자."

"위험한 거 전혀 없다니까. 아무튼 같이 가면 나야 좋지."

그렇게 Y는 생애 처음 촛불집회 현장으로 들어갔다. Y는 집회에 참여한 이들을 과격한 데모꾼 정도로 생각했다. 그런데 처음으로 촛불집회에 참여한 그날, 그저 평범한 사람들이 집회에 모인다는 걸 알게 됐다. 어쩌면 정치가 먼 이야기, 남의 이야기가 아닐 수 있다는 생각이 Y 안에 촛불처럼 밝혀졌다.

"할아버지가 그러셨는데, 정치에 참여하지 않으면 진짜 시민이 아니래. 그냥 수많은 군중의 한 명일 뿐이라고. 이름 없는 군중. 정치에 관심을 갖고 자기 목소리를 내면서 군중에서 시민이 되는 거래. 그래야 진짜 자기 이름으로 살아가는 거라고 하셨어."

헤어질 때 조카가 해 준 말이 지워지지 않았다.

오늘 하루 Y는 조카랑 참 많은 얘기를 나눴다. 평소에 이런 진지한 얘기를 이렇게 길게 해 본 적이 없었다. 그러고 보니 어리게만 봤던 조카가 그새 많이 컸구나 하는 생각이 들었다. 그러면서 Y는 자신을 돌아보았다.

'슬기는 어린데도 최슬기로 살아가려고 하는구나. 그렇다면 나는

어떨까?'

마음속에 작은 촛불이 켜지면서 Y는 '윤정미'라는 제 이름으로 살아가는 것에 대해서 생각했다.

'나로 산다는 건 뭘까? 윤정미로 산다는 건 뭘까?'

촛불을 들고 거리로 나온 사람들

민주주의는 광장에서 시작됐어. 아테네의 민주주의는 아고라 광장에 모인 시민들에게서 시작됐지. 우리 현대사에도 광장에 모인 사람들의 힘으로 역사의 물줄기를 돌려놓은 도도한 흐름이 있었어. 가장 대표적인 게 1987년 6월 항쟁이야. 2016년부터 2017년까지 이어진 촛불집회를 보며 6월 항쟁을 떠올리는 사람들이 있었어. 광장을 가득 메운 시민이 목청껏 민주주의를 외친 모습이 6월 항쟁과 촛불집회에서 똑같았거든.

그러나 젊은 세대에게 6월 항쟁은 먼 이야기야. 그들에게 1987년은 태어나기 전이거나 기억이 시작되기 전이지. 지금의 촛불은 기성세대에게는 6월 항쟁의 연장일 수 있지만, 젊은 세대에게는 새로운 역사의 시작일 뿐이야. 젊은 세대가 공유하는 광장의 기억은 2002년부터지. 2002년의 광장은 그들에게 축제의 공간이었어. 그 기억 때문일까. 2008년의 촛불 광장은 투쟁과 축제가 어우러졌어.

촛불의 바다

2016년부터 2017년 사이, 장엄한 촛불의 바다가 출렁였어. 중고등학생들이 가방을 메고 왔고, 청년들이 연인의 손을 잡고 왔고, 부모들이 아이의 손을 잡거나 유모차를 끌고 왔고, 중장년들이 등산복 차림으로 왔어. 여느 주말과 달리 상행선이 막혔고 하행선이 뚫렸어. 보통 때의 주말은 지방으로 여행 가는 사람들로 하행선이 막히는데, 촛불집회 때는 집회에 참여하기 위해 지방에서 서울로 사람들이 몰렸거든.

촛불집회는 과거처럼 학생운동 단체나 시민사회 단체가 동원하는 방식이 결코 아니었어. 한 연구에 따르면, 2016년부터 2017년 촛불 집회 참가자들의 동반자는 가족(40.5%), 친구(29.7%), 혼자(23.3%), 직장 동료(4.1%), 사회단체 회원(2.0%), 기타(0.5%)의 순이었어. 단체에 속하지 않은 개인의 참여가 큰 비중을 차지했던 거야. 그런데도 그들은 증발하지 않고 거대한 촛불의 바다를 이루었지.

100만, 200만, 1000만 그리고 1685만. 23차에 걸쳐 연인원 1685만 명의 사람들이 촛불을 밝혔어. 수많은 이가 모였지만, 그들이 가진 건 별게 아니었지. 오로지 촛불 하나와 뜨거운 마음뿐이었어. 구호는 절박했고 요구는 간결했지. 광화문에서 청와대로 이어진 길고도 긴 행렬은 가을에 시작해 겨울을 이기고 이듬해 봄까지 이어졌어. 평화적인 집회를 통해 정권을 무너뜨린 대한국의 민주주의에 전 세계가 깜짝 놀랐어.

촛불의 역사

광장에 촛불의 물결이 처음 일렁이기 시작한 것은 2002년부터야. 2002년 월드컵의 열기가 가라앉을 무렵 끔찍한 소식이 들려 왔어. 길을 가던 두 여학생이 미군 장갑차에 치여 사망했다는 소식이었지. 2002년

11월, 그 소식을 접한 네티즌을 중심으로 촛불이 타올랐어. 신효순, 심미선 두 여학생을 추모하는 집회가 열린 거야. 이후 촛불집회는 우리나라의 대표적 평화 시위로 정착했지.

  그로부터 2년이 지난 2004년에도 촛불은 타올랐어. 노무현 대통령 탄핵 소추안이 국회를 통과하자 탄핵에 반대하기 위해 국민들은 촛불을 들었지. 2008년에는 광우병 우려가 제기된 미국산 소고기 수입을 반대하기 위해 광장이 다시 촛불로 일렁였어. 그리고 2016년부터 2017년, 광장은 박근혜 대통령 탄핵을 요구하는 촛불로 뜨겁게 타올랐어. 그전보다 훨씬 커다란 촛불이었지. 사람들의 몸에 새겨진 뜨거운 촛불의 기억이 그들을 광장으로 불러들였던 거야.*

시곗바늘을 좀 더 과거로 되돌리면 1987년 6월 항쟁과 1980년 5·18 민주화운동, 1960년 4·19 혁명을 만나게 되지. 그 사건들의 뿌리를 더듬다 보면 일제 강점기에 있었던 광주학생항일운동과 3·1 운동 등도 만나게 돼. 불의에 맞서 민중이 떨쳐 일어난 역사적 사건들이야. 2016년부터 2017년 사이의 촛불집회를 흔히 '촛불 시민혁명'으로 부르지. 시민 저항을 통해 정권을 교체했다는 점에서 '혁명'이라 부를 만해. 그런 의미에서 2016년부터 2017년의 촛불집회는 독재 정권과 군부 정권에 맞서 시민들의 저항이 성공시킨 4·19 혁명을 잇는 역사적 사건이기도 해.

촛불은 달랐다

촛불집회는 기존의 집회와는 여러모로 차이가 나지. 크게 세 가지로 나눌 수 있어. 참여의 성격, 집회의 방식, 소통의 방식이 그것이야. 첫째, 참여의 성격은 시민들의 자발적인 참여와 연대로 특징지을 수 있어. 둘째, 촛불집회는 축제와 어우러진 투쟁의 장이라서 대단히 평화적이야. 셋째, 소통의 방식은 온라인과 오프라인의 유기적 결합으로 설명할 수 있지. 촛불집회의 이런 특징은 2008년부터 자리 잡기 시작했어.

촛불집회에는 세대와 계층을 떠나 다양한 사람이 참여하지. 어린이부터 노인까지, 심지어 아이 엄마들도. 유모차를 끌고 나온 아이 엄마들은

✱ 2003년 '부안 핵폐기장 반대 촛불문화제', 2004년 '탄핵 반대 촛불문화제', 2006년 '새만금 살리기 촛불문화제', 2008년 '미국산 소고기 반대 촛불문화제' 등이 줄기차게 열렸어. 어떤 촛불들은 거대한 함성과 함께 타올랐고, 어떤 촛불들은 소리 없이 타올랐어.

'유모차 부대'로 불렸지. 시민사회 단체들이 구심점이 되긴 했지만, 일반 시민들이 주도했어. 2300여 개 단체에 속한 참가자는 대략 20만 명이었고, 나머지 90퍼센트는 일반 시민이었지. 누구나 자유롭게 연단에 섰어. 정치인이나 이런 형태의 집회를 주도하는 사회 운동가가 발언권을 독점하지 않았지.

촛불집회는 가벼움과 무거움이 동거하는 집회야. 문화 행사와 각종 공연, 퍼포먼스 등이 집회를 수놓았지. 문화제 형식의 집회에는 공연, 풍자, 해학 등이 넘쳤어. 광화문 광장에는 마을 회관, 마을 창고, 토론 천막 등 다양한 텐트촌이 만들어졌어. 촛불집회는 절박한 목소리와 유쾌한 즐거움이 기묘하게 동거했어. 일부 참가자들이 과격, 폭력 행동을 보이면 시

2016년 서울 광화문 광장에서 열린 촛불집회 모습

민들이 이들을 제지해 철저하게 비폭력을 유지했어.

촛불집회는 온·오프라인이 긴밀하게 결합된 집회야. 노트북과 소형 카메라를 든 시민 기자들이 현장을 누볐어. 수많은 인터넷 개인 방송이 현장 모습을 생생하게 전달했지. 네티즌들은 현장의 상황을 토론방과 게시판, 메신저로 공유하고 현장에 있는 시민들과는 SNS 등으로 정보를 공유했어. 실시간으로 이루어지는 정보 공유와 토론, 의사 결정은 새로운 사회 운동의 모델을 보여 줬어.

대의 민주주의의 한계

정부, 정당, 정치인 등 정치가 제 일을 제대로 하지 못할 때 국민이 직접 나서게 되지. "내가 생각하고 바라는 것은 이것이다."라고 목소리를 높이는 거야. 촛불이 들불처럼 번진 데는 정부가 국민의 목소리에 귀 기울이지 않는 측면도 있었지만, 한편으로 의회가 국민의 뜻을 제대로 대의(국민의 의사를 대표해서 정치하는 형태)하지 못하는 측면도 있었어.

오늘날 민주주의는 국민이 선출한 대표들이 국가 의사를 결정하는 대의 민주주의(간접 민주주의)야. 대의 민주주의의 한계는 뚜렷해. 주권자인 국민의 의사와 의지가 온전히 반영되지 못할뿐더러, 심지어 그에 반해 의사 결정이 이뤄지기도 하지. 정치가 국민의 뜻을 잘 받들지 못할 때 주권자는 직접 거리로 나와 목소리를 낼 수밖에 없어. 촛불집회는 대의 민주주의의 한계에서 비롯한 거야.

물론 촛불이 모든 것을 해결해 주지는 못하지. 이는 촛불집회만의 문제는 아니고, 모든 운동(거리의 정치)이 지닌 근본적 한계야. 운동만으로 실제 대안을 만들어 내지 못하거든. 거리에서는 법을 바꾸거나 만들 수 없어. 거리의 정치는 제도의 정치를 통해 입법화 과정을 거쳐야 해. 그래야만 자신들의 요구를 실제 법안으로 제도화할 수 있어.

현대 민주주의는 대의 민주주의라고 했지? 완벽하지 않더라도 의회를 통해 행정부를 견제하고 대안을 찾을 수밖에 없어. 의회를 건너뛰겠다는 생각은 배나 비행기를 타지 않고도 서울에서 뉴욕까지 가겠다는 생각과 비슷하지.

민주주의를 지키는 힘, '나와 당신'

1839년, 노예로 팔려 가던 아프리카인들은 '아미스타호'에서 선상 반란을 일으켰지만 결정적으로 배를 운항할 줄 몰랐지. 결국 백인 선원에게 키를 다시 맡겼더니 그들이 닿은 곳은 노예제가 있는 미국이었어.

루소는 인민은 투표할 때만 자유롭고 투표가 끝나면 다시 노예가 된다는 취지의 말을 했지. 투표일 하루만 정치에 관심을 둬선 안 되고 늘 관심을 가져야 한다는 뜻이야. 주인으로 살기 위해서는 늘 깨어서 참여해야 해. 그렇지 않으면 우리가 힘겹게 싸워서 얻은 배의 키가 우리를 노예의 땅으로 안내할지 몰라.

촛불집회는 끝이 아니야. 촛불집회를 통해 원하는 정책이 시행되고 정권이 바뀌더라도 그게 민주주의의 완성은 아니지. 촛불 혁명의 에너지가 시민의 삶 속으로 스며들고 체화되어야 세상은 정말로 바뀔 수 있어. 우리 삶 속에서 촛불이 계속 불타올라야 해. 계속 관심을 갖고 참여해야 한다는 뜻이야.

미국 〈타임〉지가 선정한 올해의 인물이 유명 인사가 아닌 평범한 사람을 뜻하는 'YOU(당신)'였던 적이 있어. 민주주의를 지키는 힘 역시 '당신'에게 있을 거야. 우리에게는 관심과 참여의 의무가 있어. 우리가 속한 사회가 올바른 방향으로 나아갈 수 있도록 관심을 갖고 참여할 의무 말이야. 우리가 사회를 이루며 살아가는 이상 정치에 대한 관심과 참여는 선택이 아니라 의무 아닐까?

촛불집회를 통해 많은 어린이, 청소년이 정치 참여를 경험하고 학습할 수 있었어. 교과서로는 배우기 어려운 것들이지. 광장은 가장 훌륭한 교과서야. 촛불집회를 통해 사람들은 서서히 알아 가고 있어. 촛불의 강이 아름답게 일렁이려면 비폭력으로 흘러가야 한다는 점과, 사람들은 해결되지 않는 문제를 들고 언제든 다시 광장으로 돌아와 소리칠 준비가 되어 있다는 점을 말이야. 광장의 기억은 힘이 세지.

사람이 재물을 모으는 방법은 일하거나, 걸식을 하거나,
도둑질을 하는 세 가지뿐이다.
만일 일하는 사람의 수입이 아주 적다면 그것은 너무 많은 사람이
걸식을 하고 있거나 도둑질을 하고 있기 때문이다.

−헨리 조지

최저 임금

아르바이트비 탈환 작전

상대는 이미 땅바닥에 메다꽂혔다. 순식간에 벌어진 일이었다.
"어이쿠, 이놈이 사람 죽이네."
술에 취한 남자는 바닥에 뻗은 채 일어나지 못했다.
사건의 발단은 이랬다.
정확히 7분 30초 전, 내가 일하는 편의점으로 어떤 누나가 다급하게 뛰어 들어왔다. 이어서 만취한 사람이 따라 들어왔다. 시간을 어떻게 정확히 아냐고? 그들이 내 퇴근 시간에 맞춰 들어왔으니까. 나는 퇴근을 못 한 채 바닥 청소 중이었다.
취객이 그 누나에게 치근덕거렸다.
"아가씨! 나랑 술 한잔하자고. 나, 나쁜 사람 아니야."

"어머, 왜 이러세요?"

낌새를 보아하니 두 사람은 모르는 사이였다. 참고 지켜보다 가서 말려 보았지만, 남자는 막무가내였다. 급기야 내 멱살을 잡고 한 대 칠 것처럼 위협했다. 순간 나는 본능적으로 상대의 윗옷을 잡고 바닥에 메다꽂았다.

으랏차차 한판승!

유도 경기였으면 이미 게임 끝이다. 그런데 여기는 경기장이 아니었다. 아뿔싸! 늘 이게 문제였다. 몸이 생각보다 먼저 움직인다는 거.

누나의 신고로 경찰들이 출동했고, 결국 나까지 세 사람은 파출소로 이동했다. 다행히 누나가 취객의 성추행을 문제 삼지 않는 대신 취객도 내 폭행에 대해서 문제 삼지 않기로 합의해 파출소를 무사히 나올 수 있었다.

내 이름은 이강배. 친구들은 날 '이깡패'로 불렀다. 내가 깡패냐고? 절대 아니다. 주먹은 좀 쓰지만 약한 사람 괴롭히는 그런 깡패는 결코 아니다. 학교에서 괜히 깝죽대다 몇 대 얻어터진 녀석들이 나를 그렇게 불렀다.

처음엔 나도 내가 '이깡패'인 줄 몰랐다. 우연히 어떤 녀석의 휴대전화를 보게 됐는데, 거기에 내 전화번호가 '이깡패'로 저장돼 있었다. '이깡패'로 등록해 놓고 저희끼리 휴대전화를 보여 주며 키득거렸을 테지. 강배로 부르든 깡패로 부르든 상관없다. 그런 거 신경 쓸 여유가 내겐 없었다.

난 할아버지랑 산다. 할아버지는 폐지를 주워 모아 재활용 업체에 팔았다. 한 달 내리 일해도 15만 원을 벌기 어려웠다. 그런 일은 최저 임금 같은 것도 없었다.

"할아버지, 그거 하지 마요. 얼마나 된다고……."

"내비 뒤. 이거라도 해서 보태야지. 니는 공부만 열심히 해라, 알 긋나?"

할아버지는 아무리 말려도 폐지 수거 일을 계속했다. 내년에 나 대학 보낼 학비를 마련하려고 그런 거였다. 기초 생활 수급비가 80만 원쯤 나오지만, 그 돈으로는 어림없었다. 나 역시 고등학교 3년 내내 알바를 해야 했다.

그날부로 편의점에서는 잘렸다. 그런데 편의점 사장은 알바비를 못 주겠다고 버텼다. 편의점에 경찰이 들이닥쳐 영업에 타격이 있었다, 편의점 이미지가 나빠졌다, 별의별 핑계를 다 대면서 알바비를 반만 주겠다고 했다.

수업을 마치고 집으로 가는 길에 누나한테 전화가 왔다.

"이강배, 오늘 뭐 해? 오늘도 알바 있어?"

그때 그 누나다. 나중에 보니까 나이가 나보다 열 몇 살쯤 많았다. 그래도 누나 동생 하기로 했다. 누나는 가끔 연락도 하고 밥도 사 줬다. 꿋꿋하게 사는 게 대견하다나. 그리고 날 만날 때마다 자꾸 '내 보디가드, 보디가드'라고 한다. 난 자기 보디가드 아닌데.

"오늘요? 지난번 편의점 알바는 잘리고 새 알바는 아직 못 구했어요. 이제 수업 마치고 편의점에 가 볼 참이었어요."

"잘렸다면서 거길 왜 가?"

"알바비를 아직 못 받았어요. 사장이 그때 그 일 문제 삼으면서 알바비를 안 주네요."

"정말 그 일 때문에?"

휴대전화 너머로 들리는 누나의 목소리가 커졌다.

"네."

"아이고, 나 때문에 어쩌지? 네가 괜찮다면 나도 같이 가고 싶다."

그 사건 때문에 알바비를 받지 못했다고 하니까 누나가 민망해하며 같이 가 보잔다.

편의점 근처에서 누나를 만나 저녁으로 떡볶이를 먹었다.

"잘 지냈어요? 요즘은 귀찮게 구는 놈 없어요?"

"내가 한 미모 하다 보니까. 그때 그 인간도 내 귓가에 더러운 입김을 내뿜으면서 얼마나 귀찮게 굴던지. 에이, 꼴들기 싫어."

꼴들기 싫어? 그런 말도 있나? 내 표정이 이상했던지 누나가 바로 입을 뗐다.

"아, '꼴 보기 싫어.'를 좀 응용해서 내가 만든 말이야."

보면 볼수록 특이한 누나다. 지금 이 시간에 나 같은 고딩이랑 떡볶이를 먹는 것부터가 이상하다. 간단히 식사를 끝내고 우리는 함께 편의점으로 갔다.

나는 사장을 보자마자 따져 물었다.

"일을 했으면 임금을 주셔야죠?"

"야, 이놈아! 네가 그 난리를 쳐서 우리 가게에 피해가 얼마나 컸는데."

그 일 때문에 자기가 무슨 피해를 입었다는 거야? 그냥 돈 주기 싫다고 해. 화가 치밀었지만, 있는 힘껏 꾹 참았다.

"피해요? 무슨 피해요? 물건이 파손됐어요, 직원이 다쳤어요?"

"야, 그런 것만 피해냐? 그 뭐냐, 가게 이미지, 이미지가 나빠졌잖아?"

어이가 없었다. 나는 지지 않고 계속 따졌다.

"그건 사장님 생각이죠. 오히려 취객에게 괴롭힘을 당한 선량한 피해자를 구해 준 좋은 가게로 소문났을 수도 있죠. 여기 그 증인 있네요."

내가 누나에게 한마디 거들라는 눈짓을 보냈다.

"안녕하세요. 제가 바로 그날 그 자리에 있었던 선량한 피해자입니다."

"어? 맞네, 그때 그 아가씨! 근데 여긴 무슨 일로?"

"아, 강배가 알바비를 못 받았다고 해서 같이 와 봤어요."

사장은 놀란 눈을 하며 물었다.

"원래부터 강배를 아는 사이슈?"

"그건 아니고요. 그때부터 알고 지내게 됐어요. 뭐, 고맙기도 하고. 강배가 성실하게 일도 잘하고, 형편도 어려운데 좋게 해결하시죠?"

누나가 사장에게 차분한 말투로 제안했다.

"아, 그건 내 알 바 아니고. 아무튼, 사람이 잘못을 했으면 책임을 져야지. 내가 돈 주기 싫어서 이러는 게 아니야."

사장은 거드름을 피우며 말을 이었다.

"책임을 지라는 뜻에서 다 못 준다는 거지. 잘못했으면 책임지고…… 그렇게 세상을 배워 가는 거 아니겠어?"

다 그렇게 배우는 거라고? 아무것도 제대로 가르쳐 준 적 없는 어른들이 돈 주기 싫을 때마다 하는 똑같은 말이다.

"아무튼, 반만 받든가 말든가."

사장은 계속 막무가내였다.

"반이요? 반이면 얼만데요?"

"저번에 계약서에다 시간당 임금을 최저 임금인 8720원으로 했잖아.* 그거 반인 4360원이라고 생각하면 돼."

"저기, 다시 말하지만 제가 끼친 손해가 없는데 왜 임금을 깎겠다는 건데요?"

"쪼그만 게 뭔 돈을 그렇게 밝혀……."

순간, 주먹이 올라갈 뻔했다. 사장도 눈치를 챘는지 한마디 던지고는 잽싸게 밖으로 몸을 피했다.

"저기요! 저기요!"

아무리 불러도 뒤도 돌아보지 않았다. "쿵!" 하고 문 닫는 소리가 크게 들렸다.

"아무래도 넌 여기 있는 게 좋겠다. 괜히 저런 인간이랑 계속 말 섞다가 주먹부터 나올라."

누나가 곧장 사장을 따라 나갔다.

"저기요, 사장님! 정 이렇게 하시면 우리 법대로 할 겁니다."

누나가 사장을 붙잡고 단호하게 말했다.

"법? 그러면 내가 뭐 겁이라도 먹을 줄 알아? 법대로 하려면 해!"

사장은 큰소리를 뻥뻥 쳤다.

"정말요? 정말 법대로 해요?"

사장은 '이 아가씨가 왜 이래?' 하는 표정을 지었다.

"근데 아가씨가 뭔데 참견이야? 쟤, 보호자라도 돼?"

"저요? 이강배 개인 변호사예요."

"개인 변호사? 어허, 아가씨가 변호사면 나는 편의점 본사 사장이겠네?"

누나가 핸드백에서 명함을 꺼내 사장에게 내밀었다. 사장은 명함과 누나를 번갈아 가며 쳐다봤다.

"그거 제 명함 맞고요. 의심스러우시면 민증도 보여 드릴까요?"

"아, 됐어…… 요."

사장의 말투가 반말에서 높임말로 바뀌었다.

"아저씨, 먼저 저희가 지방노동청에 신고를 할 거예요. 그러면 노동청에서 정식으로 아저씨를 부를 거고요."

"그런다고 내가 무서워할 것 같아요?"

사장이 눈 하나 깜짝하지 않겠다는 표정을 지어 보이자, 누나가 강한 어조로 사장을 몰아붙였다.

"네, 안 무서워하셔도 되고요. 아무튼, 만약 임금 체불이 확인되면 근로 기준법 제109조에 따라 3년 이하의 징역 또는 3000만 원 이하의 벌금에 처할 겁니다. 또한 최저 임금 위반이 확인되면 최저 임금법 제28조 1항에 따라 3년 이하 징역 또는 2000만 원 이하 벌금에 처할 수 있습니다."

"저기……."

"아, 그리고 업무 시간 이후에 늘 재고 정리 등 잡무를 시키셨다

✸ 2021년 기준 법정 최저 임금이야.

면서요? 출근도 업무 시간보다 20분씩 먼저 해서 청소를 하라고 시켰고요?"

"어…… 그게…… 사람이 좀 성실하게 일하면 좋잖……."

"그리고 강배가 알바 노조 가입한다고 하니까 못 하게 막았다면서요? 그것도 다 부당 노동 행위*인 거 아시죠? 노동조합 및 노동관계 조정법 제90조는 부당 노동 행위에 대해서 2년 이하의 징역 또는 2000만 원 이하의 벌금에 처한다고 규정하고 있습니다."

와, 누나가 법조문을 줄줄 외우고 있었다. 늘 긴가민가했는데, 누나가 진짜 변호사가 맞긴 맞나 보다.

"아저씨 말대로 강배 잘못으로 영업상 피해를 봤더라도 피해액을 제외하고 임금을 지불해선 안 돼요. 먼저 임금을 지급하고 노동자와 협의해 피해액을 산정해서 받아야 합니다. 더 중요한 것은 강배가 편의점 영업에 피해를 준 사실이 없다는 거고요."

결국 사장은 계약서에 약속된 임금 전액과 출근 전후로 잡무를 시킨 시간까지 다 계산해서 임금을 줬다.

"누나, 진짜 변호사 같더라."

"나 진짜 변호사야!"

"그래, 진짜 변호사!"

"강배야, 너 정장 있니?"

"정장은 왜요?"

"면접 한번 보라고. 내가 아는 경비업체 대표님이 있는데, 네 애기를 했더니 한번 만나 보고 싶으시대."

"저를요?"

"응. 너 체격도 좋고 운동도 잘하잖아. 유도했다고 했지?"

"네, 예전에 했죠."

누나는 내게 고등학교 졸업 후 바로 경비업체에 취업해서 돈을 벌 수 있다고 얘기해 줬다. 그리고 주간 근무를 하면서 야간 대학에도 갈 수 있다고 했다.

그때 편의점에서 누나를 만난 덕분에 이런 좋은 일이 생기는구나 싶었다. 누나 같은 좋은 사람을 알게 돼서 더없이 뿌듯한 기분이었다. 누나를 지하철역까지 바래다주고 돌아오는 내내 나의 발걸음은 가볍고 경쾌했다.

학교에서 집으로 오는 길에는 굴다리가 있었다. 굴다리를 지나 학교에 가는 사람은 전 학년을 통틀어 나 혼자였다. 다른 학생들은 본 적이 없었다. 지하철역에서 집으로 올 때도 굴다리를 통과해야 했다. 차 한 대만이 간신히 오갈 수 있는 굴다리. 그 속을 걷다 보면 마치 그곳이 내 삶처럼 느껴졌다. 습하고 어둡고 갑갑하고 답답한. 그런데 이제 굴다리 같았던 내 삶에도 한 줄기 빛이 들어오는 것 같았다.

집으로 오는 길에 라일락 향기가 가득했다. 5월의 어느 밤이었다.

✹ 노동자가 노동조합에 가입하는 것 등을 사용자가 방해하는 행위야.

노동의 값은 얼마여야 할까?

1908년, 미국 여성 노동자들이 시위를 벌이면서 '빵과 장미'를 달라고 요구했어. 생계를 위해 일할 권리, 그리고 인간답게 살 권리를 요구했던 거지. 빵과 장미는 각각 일할 수 있는 권리와 인간답게 살 권리를 뜻하거든. 인간답게 살 권리를 지켜 주는 울타리 중 하나가 최저 임금이야. 최저 임금은 임금의 최저선이야. 만약 임금이 그 밑으로 내려가면 인간답게 살 수 있는 최소한의 조건이 무너지고, 인간의 존엄도 흔들리게 되지. 그래서 노동의 최소 대가로서 최저 임금이 중요해.

최저 임금의 역사

최저 임금은 사용자의 이윤 추구와 노동자의 생존권이 치열하게 충돌하면서 생겨난 제도야. 최초의 최저 임금 제도는 1894년 뉴질랜드에서 처음 생겨났어. 우리나라로 치면 고종 31년 동학농민운동이 일어나던 때였지. 당시 뉴질랜드에서는 직물 산업이 발달했어. 공장주들은 임금이 싼 여성과 어린이를 주로 고용했지. 이들 사회적 약자에 대한 임금 착취가 극심해지자 사회적으로 큰 논란이 됐고, 그 결과 최저 임금제가 탄생했어.

우리나라도 시행 중이야. 1953년 제정된 근로 기준법에서 최저 임금제

시행 근거를 두긴 했지만, 당시 어려운 경제 상황 탓에 시행하진 못했어. 실제 시행은 1987년에 최저 임금법을 제정하고 이뤄졌지. 당시에 전 세계 70여 개국이 최저 임금제를 시행 중이었으니, 한국의 경제 수준에 비해 다소 늦었다는 걸 알 수 있어. 처음에는 10인 이상 제조업 관련 노동자에게만 적용됐어. 전체 노동자에게 적용되기 시작한 건 20년이 훨씬 지난 2000년부터였어.

아직도 부족하다

최저 임금은 처음 시행된 이후 꾸준히 올랐지만, 여전히 노동자 평균 임금의 절반에도 미치지 못하는 수준이야. 한국의 최저 임금은 노동자 평균 임금 대비 38.6퍼센트에 불과하거든(2018년). 노동자 평균 임금 대비 38.6퍼센트는 문재인 정부에서 그나마 최저 임금을 올린 결과야. 수

년 전까지만 해도 한국의 최저 임금 비율은 OECD 회원국 가운데 멕시코 다음으로 가장 낮은 편에 속했어. 선진국은 이 비율이 50퍼센트 내외야. 가령 뉴질랜드는 51퍼센트, 프랑스는 48퍼센트 정도지.

한국의 법정 최저 임금은 시간당 8720원이야(2021년 기준). 8720원이면 한 시간 내내 일해야 햄버거 하나를 사 먹을 수 있는 돈이지. 2021년 기준으로, 버거킹 와퍼버거 가격이 7000원이거든. 또한 그 돈으로 KFC 치킨 3조각(8400원), 베스킨라빈스 파인트 아이스크림(8200원), 미스터 피자 케이준 치킨 샐러드(6900원) 등을 사 먹을 수 있어. 한 끼는 건너뛰고 두 끼를 모두 와퍼버거로 해결한다면, 하루 8시간 일했을 때 6시간 벌이가 남게 되지.

와퍼로 나가는 식비를 제외하고 하루 6시간 벌어서 한 달을 꼬박 모으면 집세, 생필품, 교통비, 통신비, 각종 공과금 등을 전부 해결할 수 있을까? 저축은 얼마나 할 수 있을까? 2021년 최저 임금 기준으로, 하루 8시간씩 주 5일 동안, 한 주에 40시간 일하면 대략 한달에 182만 원을 벌 수 있어. 어때? 많아 보여? 너희 입장에서는 많게 느낄 수 있지만, 성인 기준으로는 생활하기 빠듯한 돈이야. 집세나 생활비를 해결하더라도 만약 아이라도 있다면 어떻게 아이를 키울 수 있겠어?

최저 임금이 최대 임금인 사람들

최저 임금은 어떤 이들에게는 최대 임금이야. 이들은 매년 최저 임금이 오른 딱 그만큼만 인상된 임금을 받지. 이런 임금을 받는 이들은 대부분 사회적 약자야. 여성, 노인, 청소년, 장애인 들이 바로 그들이야. 우리가 보통 '알바'라 부르는 불안정 직업군에 속한 사람들이야. 특히 청소년 노동자, 장애인 노동자들의 어려움이 크지.

최저 임금의 수준도 중요하지만, 그조차 못 받는 노동자들이 있다는 점도 놓쳐선 안 돼. 2019년 기준으로, 최저 임금을 받지 못하는 노동자가 무려 338만 명이나 되지. 전체 노동자의 16.5퍼센트에 달하는 숫자야. 독일(1.8%), 미국(2.7%), 일본(2.7%), 네덜란드(6.6%) 등보다 훨씬 높아. 기막힌 것은 정부 등 공공 부문에서 일하는 노동자 가운데 15만 명(공공 부문 전체 노동자의 13.5%)이 최저 임금 이하의 임금을 받았다는 사실이야(2017년).

최저 임금을 받지 못하는 338만 명, 여기에 임금 체불 노동자까지 합하면 400만 명이 넘는 사람들이 최저 임금 이하의 삶에서 허덕이고 있어. 전체 노동자들을 임금별로 쭉 줄 세우고 나서 중간에 있는 사람의 임금을 '중위 임금'이라고 해. 중위 임금의 3분의 2 미만을 버는 노동자를 저임금 노동자로 분류하지. 한국은 저임금 노동자 비중이 23.7퍼센트나 돼. OECD에서 세 번째로 많아. 저임금 노동자들이 더 나은 보상을 받아야 해.

왜 지켜지지 않을까?

법정 최저 임금은 말 그대로 법이 정한 임금의 최저선이지. 최저 임금은 인간 존엄의 문제야. 사람이 숨만 쉰다고 사는 게 아니잖아. 존엄하게 살 수 있어야 진짜 사는 거지. 최저 임금은 사람의 존엄을 지키기 위해 법으로 정한 최저 기준이야. 만약 임금이 그 밑으로 내려가면 인간답게 살 수 있는 최소한의 조건이 무너지고, 인간의 존엄이 흔들리고 허물어지지. 그래서 최저 임금이 중요한 거야.

그런데 왜 지켜지지 않을까? 법으로는 '징역 3년 이하 혹은 벌금 2000만 원 이하'라고 규정하고 있는데 말이지. 최저 임금을 지키지 않아도 처벌이 미미하기 때문이야. 2013년부터 2017년까지 최저 임금을 위반한 사업주가 1만 2675명이었는데, 실제로 유죄 판결을 받은 사람은 201명이었지. 그중 벌금에 그치지 않고 징역형을 받은 사람은 고작 6명이었어.

반면에 독일은 최저 임금을 위반하면 최대 50만 유로(6억 5000만 원)의 벌금을 물리지. 영국은 미지급분의 200퍼센트를 과태료로 부과하고 있어. 거기다 최저 임금을 어긴 사업주의 명단을 공개하고 15년간 고용 자격을 박탈해 버리지. 미국은 의도적 위반 시 1만 달러 이하 벌금 또는 6개월 이하 징역에 처하도록 하고 있어.

최저 임금 인상이 두려운 사람들

최저 임금을 인상하려면 저항이 있기 마련이야. 보통은 기업들의 반발이 큰데, 2018년 전후로는 자영업자들의 저항이 만만치 않았어. 자영업자들은 최저 임금 인상에 따른 인건비 부담을 하소연했지. 그래서 2018년에 이듬해의 최저 임금 인상률이 16.4퍼센트로 결정되자 소상공인 업종에 대해 최저 임금을 차등화하는 방안을 요구하기도 했어.

당시 많은 언론이 이들의 목소리를 크게 보도했지. 반면에 언론의 관심을 받지 못한 이들도 있었어. 바로 소상공인에 고용돼 일하는 노동자들이었지. 소상공인의 어려움만 부각하고 열악한 사업장에서 근무하는 노동자들의 어려움은 제대로 다루지 않았거든.

5인 미만의 노동자를 고용하고 있는 소상공인들의 어려움은 이해되지만, 그들의 열악함을 덜어 주고자 더 열악한 이들을 희생시키는 게 온당할까? 5인 미만 사업장에서 일하는 노동자들은 노동자를 위해 만들어진 근로 기준법의 보호도 제대로 받지 못하고 있어. 그나마 보호받는 것 중 하나가 최저 임금인데, 그마저 무력화한다면 그들은 정말로 '을 중의 을'로 전락하게 될 거야.

자영업 불황이 최저 임금 탓?

자영업자들, 특히 영세 자영업자들의 어려움은 충분히 이해하지만, 그들의 어려움을 더 어려운 이들에게 떠넘겨선 안 돼. 그럼 자영업자들의 어려움은 어떻게 해야 할까? 그들이 어려움을 겪는 이유를 찾아서 그에 맞는 해결책을 찾아야겠지. 자영업자들이 겪는 어려움은 복합적이야. 최저 임금만의 문제가 아니거든. 출혈 경쟁, 높은 임대료, 가맹점 수수료 등 여러 문제가 얽혀 있어.

2018년 최저 임금 인상이 결정되고 가장 격렬하게 반대했던 이들은 편의점주들이었어. 편의점주들이 겪는 어려움은 비단 인건비 때문만은 아니지. 우선 출혈 경쟁이 문제야. 국내 5대 편의점 프랜차이즈 점포 수만

4만 개에 달하지. 치킨집은 어떨까? 서울지하철 대림역 근처에만 300개가 넘는 치킨집이 있어. 네이버 지도 검색창에 대림역 치킨집을 치면 무려 339개가 검색되지(2018년 9월 기준).

2018년 기준, 자영업자는 673만 명에 달해. 전체 취업자 중 25.1퍼센트야. OECD 국가 중 5위에 해당하지. 자영업자가 왜 이렇게 많을까? 자영업을 하면 돈을 잘 벌어서? 아니야. 마땅한 일자리가 없기 때문이지. 자영업자가 지나치게 많다 보니 과열 경쟁이 일어날 수밖에 없는 구조야.

자영업자가 장사를 하려면 임대료, 인건비, 재료비(카드 수수료 포함) 이렇게 세 가지 비용이 크게 들지. 프랜차이즈의 경우에 가맹점 수수료가 추가돼. 그중에서 임대료는 계속 치솟지. 결국 인건비와 재료비를 아낄 수밖에 없어. 그런데 재료비는 뻔하잖아. 아무리 줄여도 원자재 없이 장사할 순 없지. 빵집에서 밀가루 없이 빵을 만들 수 없잖아? 남는 건 인건비야. 인건비를 묶어 두거나 어떻게든 더 줄이려고 발버둥칠 수밖에 없는 구조지. 낮은 인건비와 높은 임대료(프랜차이즈는 가맹점 수수료까지)의 상관관계가 여기에 있어.

존엄한 삶을 위하여

우리의 일상은 누군가의 노동에 기대어 평화롭게 유지되지. 한쪽이 편안하게 살기 위해 다른 한쪽은 불편과 희생을 감수하는 건 아닐까? 그렇지만 우리는 '보이지 않는 노동'에 대해서 잘 생각하지 않지. 최저 임금은 '나'와 전혀 상관없는 문제처럼 생각될 수 있어. 너희에게 이런 문제는 낯설고, 자기와 전혀 관계없는 일처럼 여겨질지 몰라.

그러나 결코 그렇지 않아. 나중에 너희가 아르바이트를 해 보면 피부로 느낄 수 있지. 나와 무관한 문제가 아니라는 사실을 말이야. 누군가의 노동 조건이 개선되면 도미노처럼 다른 사람의 노동 조건도 개선될 수 있음을 명심해야 해. 저임금 노동자들이 일한 만큼의 임금을 달라고 주장하는 건 과한 요구도, 지나친 요구도 아니야. 자기 밥그릇만 챙기는 집단 이기주의는 더더욱 아니고. 다들 그렇게 자기 몫을 요구하면 나라 경제가 어떻게 되느냐고 핀잔해선 안 돼.

현재 시간당 얼마로 정하고 있는 최저 임금을 노동자 평균 임금 대비 얼마로 정할 필요가 있어. 매년 임의로 정하는 것보다 노동자 평균 임금의 50퍼센트 이런 식으로 일정한 기준을 만드는 거지. 그러면 전체 평균 임금에 맞춰 최저 임금도 자연스럽게 올라갈 수 있어. 다만, 최저 임금의 급격한 상승에 따른 문제를 최소화하기 위해서 연도별로 목표 비율을 설정하고, 단계적으로 인상하는 방안을 생각해 볼 수 있겠지.

최저 임금과 최고 임금을 연동하는 방법도 있어. 2016년 심상정 정의당 의원은 대기업 임직원의 최고 임금을 최저 임금의 30배(그해 기준 4억 5000만 원)로 제한하는 내용의 최고 임금법을 발의했어. 이는 CEO와 노동자의 임금 격차가 너무 크다는 문제의식에서 나왔어. 또한 이렇게 연동하면 CEO들이 자기 임금을 높이기 위해서라도 노동자들의 최저 임금에 조금이라도 신경을 쓸 수밖에 없겠지.

땅의 모든 결실이 모든 사람에게 속할 뿐,
땅 그 자체는 누구에게도 속하지 않는다.

―루소

8

젠트리피 케이션

내 이름은 서촌

　서울시 종로구 사직동, 효자동, 체부동, 누상동, 누하동, 통인동, 옥인동, 내자동……. 종로구는 알겠는데, 나머지 동들은 이름이 좀 낯설지? '서촌'이라고 말하면 많이들 들어 봤을 거야. 그래, 내 이름이 서촌이야. 경복궁의 서쪽에 있는 마을이라고 해서 '서촌'이라고 부른다지.

　경복궁과 인왕산 사이 한옥이 밀집한 곳이 바로 나 서촌이야. 내 울타리 안에는 필운대, 황학정, 창의궁터, 세종대왕 탄신지, 서울 성곽 등 다양한 문화유산이 있단다. 그중 하나만 설명하자면, 필운대는 '오성과 한음'의 오성 이항복이 살던 집터야.

　나는 너희보다 훨씬 오래 살았어. 조선 시대부터 설명해도 조선

초기에는 왕족들의 터전이었고, 중기부터는 사대부들의 근거지였지. 후기에는 중인들의 문예 운동이 꽃피었던 곳이야. 겸재 정선과 추사 김정희 등이 살았지. 이방원이 왕위에 오르기 전까지 살았고, 세종대왕도 나 서촌에서 태어났어.

1910년 한일 합병 시기의 대표적 친일파인 이완용과 윤덕영이 살았고, 이상·윤동주·노천명 같은 문인들과 이중섭·박노수·이상범 같은 화가들도 살았어. 역사가 오래되고 유서가 깊지?

나는 조선 시대 때의 골목길을 거의 그대로 유지하고 있어. 역사를 간직한 한옥과 고즈넉한 골목길이 내 품 아래 있지. 한옥, 양옥, 일식 가옥 등 낮은 층의 오래된 주택과 좁고 구불구불한 골목길이 어우러져 독특하고 정감 있는 풍경을 이룬단다.

아이러니하게도 나의 독특하고 정감 있는 풍경은 권위주의 시대 정부의 강압적 정책 덕분에 유지될 수 있었어. 청와대와 경복궁, 인왕산 등에 접해 있다는 이유로 1970년대부터 수십 년간 정부의 엄격한 규제를 받아 왔거든. 이름은 고도지구, 미관지구, 경관지구 등 다양했지만, 내용은 결국 개발을 제한하는 거였어. 그 결과로 나는 독특한 분위기를 풍기게 됐어. 높다란 회색 빌딩이 즐비한 서울에서 야트막한 지붕과 담장은 그 자체가 명물로 자리 잡았지.

내가 뜨기 시작한 것은 2000년대에 들어 한옥 경관이 재평가되면서부터였어. 2008년 서울시가 '한옥선언'을 발표하면서 여러 변화가 곳곳에서 일어났지. 한옥선언은 서울 사대문 안의 한옥을 개

보수할 때 시 보조금과 대출금을 합쳐 최고 1억 원까지 지원하는 등 한옥을 보존하고 미래 자산으로 키우는 내용을 담고 있었어.

2010년부터는 전통시장 시설 현대화 등 지역 활성화 및 관광 자원화를 위한 공공사업이 추진됐어. 그러면서 통인시장이 활기를 되찾았지. 2012년 7월, 인왕산 자락의 수성동 계곡을 복원한 것도 주요했어. 인왕산의 경관을 가리던 옥인아파트를 철거하고 수성동 계곡을 되살렸어. 겸재 정선이 그린 〈장동팔경첩〉 중 〈수성동〉이라는 작품이 있는데, 수성동 계곡을 담은 작품이야. 계곡을 옛 모습 그대로 복원하려고 석축 하나 쌓을 때도 시멘트를 전혀 사용하지 않았다고 해.

처음에는 집값이 싼 편이었어. 그래서 젊은 문화예술인들이 하나둘 자리를 잡기 시작했어. 재능과 열정을 갖추었지만 가진 돈은 없는 예술가나 문화활동가, 소규모 상인 등이 작업 공간과 아기자기한 가게들을 차렸지. 아마 2012년 즈음부터였을 거야. 이들은 저마다 개성 넘치고 독특한 공방, 작업실, 갤러리, 카페 등을 열었어. 그러자 오래된 골목 풍경이 정겹게 살아남아 있으면서 문화의 활력과 향기가 넘치는 곳으로 변모하게 됐지.

내가 유명해지기 시작한 것도 이들 문화예술인들의 노력이 컸어. 이들이 고치고 보태고 칠하고 만든 덕분에 독특한 동네로 탈바꿈했지. 이들의 노력으로 거리 풍경이 풍성해지고 지역 분위기도 달라졌어. 본래부터 이곳에 살던 토박이 주민들과 이들은 조화롭게 살아갔지.

　그렇게 정부 정책과 예술가들이 바꿔 놓은 동네 풍경이 서서히 입소문을 타기 시작했어. 삭막한 시멘트의 도시 서울에서 인간적 온기와 아기자기한 멋을 지닌 곳이라는 소문이 삽시간에 퍼졌지. 언론이 주목하기 시작하고 SNS에서 소위 '핫 플레이스'로 알려지자 찾는 발길이 늘고 사람들이 몰리기 시작했어.

이때만 해도 모든 게 좋았어. 한적했던 동네가 환해지고 활기가 돌았으니까. 덩달아 가게들도 장사가 잘됐지. 사람이 많이 모일수록 매상도 올랐어. 문제는 사람들만 몰린 게 아니었다는 거야. 사람들이 찾기 시작하면 함께 찾아오는 반갑지 않은 '손님'이 있어. 바로 부동산 가격 상승이야. 사람들이 몰릴수록 땅값과 건물값이 오르고, 그에 따라 상가 임대료와 보증금도 따라서 오르지.

사람들이 몰리는 곳에는 돈도 몰리기 마련이야. 돈 많은 건물주, 프랜차이즈 매장을 거느린 기업, 시세 차익(살 때의 가격보다 팔 때의 가격이 높아 얻는 이익)을 노리고 몰려든 부동산 개발업자나 투기 세력 등이 앞다퉈 몰려들지. 이들의 목적은 단 하나야. 바로 '돈'이지. 서촌에도 분위기 좋은 카페와 레스토랑 등이 마구 들어서면서 부동산 가격이 껑충 오르고 임대료가 하늘 높은 줄 모르고 치솟았어.

결국 그곳에서 예술 활동을 하거나 장사를 하면서 동네 문화를 일궜던 이들은 높은 임대료를 견디지 못하고 밀려나기 시작했어. 또한 오랫동안 주민들을 대상으로 장사를 하던 문구점, 세탁소 등 생활 밀착형 점포들도 임대료를 감당하지 못해 하나둘 떠나기 시작했지. 임대료가 더 싼 곳을 찾아 동네를 떠나는 거야.

동네가 유명해지면서 뜨게 되면, 오랫동안 그곳에서 살던 사람들이 그곳을 떠나기 시작하지. 그들이 애써 일구었던 것들도 자취를 감추게 되고. 오랫동안 그곳을 지켜 온 토박이 주민들과 토박이 가게들이 사라지고, 새로 들어와서 새로운 활기와 활력을 불어넣은 문화예술가들과 그들이 꾸미고 가꿔 온 공간들도 사라지지.

정작 동네를 살린 이들이 살아난 동네에서 떠나야 한다니, 참 얄궂은 상황이지. 사실 서촌에 모여들었던 젊은 예술가들 중 일부는 전에 강남구 가로수길에서 터를 잡고 작업했어. 그러다 가로수길의 임대료가 오르면서 서촌으로 옮겨 왔지. 2013년에만 줄잡아 100여 곳의 예술 관련 공간(공방, 갤러리 등)이 서촌에 자리 잡았어. 그런데 똑같은 과정이 반복되면서 다시 서촌을 떠나게 됐어.

이런 일이 이곳 서촌에서만 벌어지는 건 아니야. 서울 곳곳에서 십수 년째 계속되고 있어.

"이제는 그만하려고요."

가죽 공방을 하는 아저씨가 허탈한 미소를 지으며 말했어.

아저씨는 처음에 홍대 앞에 가죽 공방을 차렸어. 사람들이 홍대로 몰리기 시작하면서 공방은 잘됐어. 하지만 전성기는 오래가지 못했어.

"열심히 앞만 보고 달려왔는데, 늘 제자리를 걷고 있는 느낌이었어요. 죽어라 달렸지만 한 발짝도 앞으로 나가지 못하더라고요."

아저씨는 허탈한 미소를 지으며 고개를 저었어.

"공방이 조금 잘되나 싶으면 어느새 임대료가 수입을 앞질러 손에 쥐는 게 거의 없더군요."

건물주는 더 많은 임대료를 원했고, 아저씨는 임대료를 감당할 수 없었지. 그래서 5년 만에 가죽 공방을 근처인 합정역 부근으로 옮겼어. 합정역에 자리를 잡을 즈음 비슷한 일이 또 벌어졌지. 그래서 5년 만에 망원역 근처로 이사했어. 그런데 몇 년 뒤에 망원동이 '망리단길'이니 뭐니 하면서 또 들썩였어.

그들이 떠난 자리는 어떨까? 그들이 애써 일구었던 동네의 매력과 문화도 빠르게 사라지는 건 당연한 결과겠지? 고즈넉한 운치가 살아 있던 풍경은 어느새 엇비슷한 식당과 술집이 늘어선 익숙한 풍경으로 바뀌어 버리지. 개성과 매력은 사라지고 어딜 가나 쉽게 볼 수 있는 유흥가, 관광지의 모습으로 말이야. 대형 커피숍과 의류나 신발, 화장품 등의 브랜드 매장, 휴대전화 판매점, 노래방과 유흥업소 등 어디서나 볼 수 있는 가게들이 즐비해.

골목길의 변화는 어떤 이에게는 희망이지만, 또 어떤 이에겐 절망이야. 새로 들어오는 사람에게는 희망이지만, 억지로 밀려나는 사람에게는 절망인 거야. 내가 말하고 싶은 건, 내 품에서 사람이 살고 드나들며 저마다의 꿈을 꾸었으면 한다는 거야. 성실하게 땀 흘려 일하는 사람들이 생업에 종사하며 미래를 꿈꾸는 그런 장소가 될 수 있으면 좋겠어. 사람이 살려면 당연히 돈이 필요하겠지만, 돈이 아니라 사람이 주인으로 살아가는 그런 동네 말이야.

나는 내가 부동산 시세 차익을 노리고 건물을 사고파는 사람들의 동네가 되길 바라지 않아. 그런 사람들은 나 서촌에 대해서는 아무 관심도 없지. 그저 돈을 벌면 떠날 사람들이거든. 세 들어 장사하는 사람들도 마찬가지 아니냐고? 물론 그런 사람들도 있겠지만, 장사하는 사람들은 장사가 잘되면 대를 이어서 하곤 하지.

돈이 주인이 되면 어떤 일이 벌어질까? 2018년 6월, 서촌에서 끔찍한 폭력 사건이 일어났어. 족발집을 운영하던 임차인(돈을 내고 물건을 빌려 쓰는 사람)이 임대인(돈을 받고 물건을 빌려준 사람)을 망치로 내리친 사건이었지. 물론 망치로 사람을 내려치는 일은 분명 잘못됐어. 그런데 여기에는 안타까운 사정이 있었단다.

족발집은 2009년부터 2015년까지 별 탈 없이 장사를 했어. 처음에는 월 263만 원의 월세를 내다가 2015년부터는 월 297만 원의 임대료를 내고 장사를 했어. 그러다 2016년 건물 주인이 바뀌면서 문제가 터졌지. 새 주인은 임대료를 월 1200만 원으로 대폭 올렸어. 임대료를 4배나 올린 거지. 건물에 세 들어 장사하던 족발집 입장에서는 마른하늘에 날벼락이 아니었을까? 아무리 장사가 잘돼도 한 달 월세로 1200만 원을 감당할 동네 음식점은 많지 않을 테니까.

족발집을 운영하는 부부는 서촌 일대에서 분식집 2년, 실내포장마차 7년을 운영하며 모은 돈에 은행 대출까지 받아 족발집을 차렸어. 2009년부터 장사를 해 오다 2014년에 다시 은행 대출 3500만 원을 받아 가게를 새로 단장했지. 서촌이 '뜨는 동네'가 되면서 주변에 새로 생기는 음식점들이 세련된 인테리어에 깔끔한 분위기로 손님들을 끌어들였거든. 그런 음식점들과 경쟁하려면 족발집도 더 깔끔하게 꾸밀 필요가 있었어.

그렇다면 건물 주인이 월세를 갑자기 그렇게나 많이 올린 이유가 뭘까? 건물 주인은 낡은 건물을 깨끗하게 리모델링할 계획이었던 것 같아. 리모델링해서 더 비싸게 팔려고 했던 거지. 가령 45억 원에 산 건물을 깨끗하게 단장해서 70억 원에 되파는 식이야. 그러려면 건물에 세 든 사람들의 월세도 70억 원에 맞춰서 올려 둘 필요가 있겠지.

부동산 가격이 오르면 이런 일들이 비일비재하게 벌어지지.

"제발, 임대료를 좀 낮춰 주실 수 없나요?"

세입자들이 아무리 하소연해도 상가 주인들은 콧방귀도 뀌지 않거든.

"그게 나랑 무슨 상관인데요?"

"올린 임대료를 맞추려면 장사해도 남는 게 없어서 그래요."

그래도 상가 주인들은 고개를 가로젓지.

"어차피 들어올 사람들은 줄을 섰으니까, 싫으면 나가세요."

"무작정 나가라고요? 그냥 나가라 하면 어떡합니까? 아무리 건물주라고 해도 이건 너무 심하잖아요?"

"너무해? 싫으면 나가! 누가 장사해 달라고 사정한답니까?"

건물주들은 그렇게 쏘아붙이며 화난 사람처럼 땅을 꾹꾹 눌러 가며 가게를 나가 버리지. 마치 자기 땅과 건물에 발 도장이라도 콱 찍겠다는 듯이 말이야.

이렇게 뜨는 동네는 어디서나 쫓아내는 사람과 쫓겨나는 사람으로 갈라져 다툼이 벌어지지. 그런 걸 보면 동네가 많이 알려지고 뜬다고 사람들이 행복해지는 게 아닐 수도 있겠어. 행복은커녕 오히려 더 불행해지는 건 아닐까?

내 울타리 안에 자리 잡은 건물들의 가격이 오른 건 누구 덕분일까? 누구의 노력으로 그렇게 된 걸까? 건물주가 열심히 건물을 사고팔아서 가격이 오른 걸까? 그렇지 않아. 동네의 가치를 높이기 위해서 건물주가 한 일은 거의 없어. 건물주가 한 일이라곤 건물을 사서 소유하다 비싸게 되파는 것뿐이야.

장사가 잘되는 동네, 멋진 동네는 건물주가 만든 게 아니야. 정부든 상인이든 예술가든 지역 주민이든 많은 사람이 조금씩 힘을 보태 이룬 거지. 그런데 그 과실을 따먹는 건 그들이 아니야. 열매는 건물주에게만 돌아가지. 동네가 뜨면서 거둔 이익은 부동산 투기 세력, 부동산 개발업자, 갖가지 프랜차이즈 매장을 거느린 기업 등으로 흘러가.

내 이웃 친구들인 홍대 앞, 북촌, 경리단길, 가로수길, 성수동 등도 나와 비슷한 일을 겪었거나 겪는 중이야. 명소로 떠올라서 다들 몸살을 앓고 있단다.

삶의 터전을 떠나야 하는 사람들

빈센트 반 고흐의 대표작 중 하나인 〈침실〉은 처음으로 '자기 집'을 갖게 된 감격에 그린 그림이라고 해. 고흐는 37세 때 죽었는데, 공교롭게도 그는 평생 37번 이사를 했거든.

자기 집을 갖는다는 건 뿌리를 내리지 못해 흔들리는 삶이 '자리'를 찾는다는 의미일 거야. 우리가 의식하지 못할 뿐, 자리는 일상의 거의 모든 것이야. 먹고살려면 일자리가 있어야 하고, 잠을 자려면 잠자리가 필요하지. 우리가 사는 집도 자리(보금자리)고, 내 방도 나만의 자리야. 한 인간이 사는 자리, 한 인간이 앉는 자리가 그 사람의 인격을 만들지.

고흐가 그렇게 갖고 싶었던 집의 의미는 오늘날도 비슷해. 그런데 요즘은 집과 함께 건물이 주목받고 있지. 2016년 한 언론사에서 청소년들에게 미래 희망하는 직업을 물었어. 고등학생들이 가장 선망하는 직업 1위는 공무원이었지. 2위가 뭐였을까? '건물주와 임대업자'였어. 대한민국이 100명으로 이루어진 마을이라면 2019년 기준으로 1명이 전체 토지의 약 52.8퍼센트를 갖고 있고, 10명이 90.1퍼센트를 갖고 있어.

젠트리피케이션의 의미

영국을 흔히 '신사의 나라'라고 부르지. 신사를 영어로 '젠트리'라고 해. 우리에겐 젠틀맨이 더 익숙한데, 젠틀맨은 젠트리에서 나온 말이야. 영국은 130여 년간 이어진 백년전쟁과 장미전쟁을 거치며 많은 귀족이 죽었어. 이때 많은 부를 지닌 지주 계급이 귀족을 대신해 영국을 이끌었지. 이 사람들이 바로 젠트리야. 젠트리피케이션은 바로 젠트리에서 파생된 단어지. 어떤 지역이 젠트리, 그러니까 중하류층이 아니라 상류층이 모여 사는 동네로 바뀌었다는 뜻이야.

원래 의미처럼 오늘날의 젠트리피케이션도 '유입'과 '추방'이라는 두 가지 측면을 가지고 있어. 누군가의 유입은 다른 이의 추방으로 이어지거든. 성공회대 신현준 교수는 《서울, 젠트리피케이션을 말하다》라는 책에서 "허름한 동네에 예술가의 작업실이 들어서면, 3~4년 뒤에는 카페나 레스토랑이 들어오고, 다시 3~4년이 지나면 글로벌 프랜차이즈 기업이

들어온다."라고 밝혔어. 글로벌 프랜차이즈 매장들이 들어오면 좋은 걸까? 그만큼 동네가 살기 좋아진 걸까?

프랜차이즈 매장들이 들어오면 한편에선 기존 소규모 매장들이 퇴출되기 마련이야. 그래서 젠트리피케이션을 우리말로 '둥지 내몰림'이라고도 하지. 2016년에 국립국어원은 젠트리피케이션을 '둥지 내몰림'으로 다듬어 쓰자고 제안했어. 그러면서 "옛 도시 중심부(또는 도시의 어떤 지역)가 번성해 중산층 이상 사람들이 몰리면서 임대료가 오르고 원주민(그 지역에 오래전부터 살고 있는 사람들)이 내몰리는 현상"이라는 풀이를 내놓았지.

곳곳에서 벌어지다

'예술가와 자영업자 이주 → 개성 넘치는 지역 형성 → 임대료 상승 → 대기업 프랜차이즈 입점 → 영세 상점들의 이주' 서울의 인사동, 삼청동, 서촌 등은 이와 비슷한 과정을 밟아 왔어. 예술가와 자영업자들이 동네를 띄워 놓자 기업형 상점이나 대규모 프랜차이즈 등이 들어와 밀어냈고, 지금도 밀어내고 있어.

세입자들은 장사가 잘돼도 문제, 안 돼도 문제라고 말해. 장사가 잘되면 임대료가 올라서 내쫓기고, 장사가 안 되면 가게 문을 닫아야 하기 때문이야. 한국에선 장사하는 사람이 자기 건물을 가지고 있지 않는 한 모두가 비슷한 처지야. 정말 이상하지 않아? 장사가 잘되면 좋은 거고 안 되면 걱정인 게 정상일 텐데, 잘되든 안 되든 걱정인 사회는 정상이 아니겠지.

동네가 뜨면 소규모 점포는 사라지고 어느새 대기업 프랜차이즈가 그 자리를 차지하지. 동네가 뜰수록 동네를 떠나는 이가 늘어나는 이유야. 대한민국에서 결코 망하지 않는 이들이 있어. 바로 건물주와 대기업이야. 이런 사태를 꼬집어 '조물주 위에 건물주'라는 우스갯말까지 생겨났지.

인간과 땅, 뗄 수 없는 관계

'동산'은 옮길 수 있는 재산이야. 돈이 대표적이지. 반면 토지와 건물 같은 '부동산'은 옮길 수 없는 재산을 뜻해. 부동산 문제를 논할 때 당장 눈에 보이는 건 건물이지만, 사실 더 중요한 건 건물 아래에 놓인 토지야. 예를 들어 래미안이라는 브랜드의 같은 평수 아파트가 서울에선 20억 원에, 지방에선 5억 원에 거래된다면, 그건 어디까지나 땅값에서 기인하지. 좀 더 고급 자재를 쓴다고 그 정도로 가격 차이가 나진 않을 거야.

토지는 인간이 만든 생산물이 아니야. 시장에서 거래되는 대개의 상품은 인간의 노력으로 만들어졌어. 그러나 토지는 인간이 만든 게 아니지. 토지에서 캐내거나 뽑아낸 자원 역시 인간이 만들지 않았어. 다만, 자연 자원을 채굴하는 데는 최소한 인간의 노력이 들어가지. 그러나 토지에는 그런 노력조차 필요 없어. 그럼에도 토지에서 얻는 이익과 가치는 전부 토지 소유자의 몫이 되지.

또 하나, 돈이 없으면 불편하지만 토지가 없으면 생존이 불가능해. 즉, 토지는 인간의 생존과 안전을 위해 꼭 필요한 필수재야. 극단적으로 가진 돈이 전혀 없어도 땅을 소유한 사람은 최소한 굶어 죽진 않지. 일을 해서 돈을 벌려면 직접 사업을 하거나 어딘가에 고용되어 일할 수밖에 없어. 자영업을 하려면 자본이 필요하고, 고용돼서 일하려면 일정한 조건(기술, 학력 등)을 충족해야지. 하지만 자본이나 기술이 없어도 땅이 있다면 논밭을 일구어서 살아갈 수 있어.

철학자 하이데거는 사람을 뜻하는 'human'이 기름진 땅을 뜻하는 라틴어 'humus'에서 왔다고 강조했어. 《성경》에서도 신이 흙으로 사람을 빚었다고 이야기해. 이 모두는 인간과 대지의 질기디질긴 인연을 보여 주지. 인간이 땅에서 나온 존재라는 사실은, 부정할 수 없는 진리야. 땅은 생명의 뿌리이자 사람을 포함한 동물의 삶터거든. 인간은 땅에서 태어나서 죽으면 땅으로 돌아가지.

노력은 세입자가, 이익은 건물주가

2015년에 한국은행이 내놓은 조사 결과에 따르면, 1964년부터 2013년까지 50년간 물가는 큰 폭으로 상승했어. 50년 사이에 쌀 가격은 50배, 휘발유 가격은 77.5배 올랐지. 생활필수품 가격은 대체로 50~70배 정도 상승했어. 땅값은 얼마나 올랐을까? 무려 2976배나 뛰었지. 1964년에 100만 원을 주고 산 땅이 2013년에 30억 원으로 치솟은 거야. 평균이 그래.

지역에 따라서 더 가파르게 오른 곳도 있지. 가령 50년 전에 사 둔 강남의 땅은 소유자의 노력과 상관없이 가격이 무려 10만 배 이상 올랐지. 토지 가치가 올라가는 데 토지 소유자는 어떤 기여를 했을까? 강남 땅값이 그 정도로 오르는 데 땅 주인(대개는 건물주겠지)이 개별적으로 노력한 것은 거의 없어. 건물을 사서 소유한 사실 빼고는 별달리 노력한 일이 없거든.

설령 개인의 기여가 일부 있다 해도, 그것은 건물주가 아니라 세입자의 역할이야. 손님을 끌어모아 일정한 상권이 형성되도록 노력한 이가 바로 세입자거든. 그 경우에도 세입자 한 명의 노력이 아니라 수많은 사람(주변 상점의 상인들)의 집단적 노력이 더해져 상권을 형성한 거야. 그렇다면 세입자들의 노력으로 상승한 부동산 가치를 건물주가 전부 독차지하는 현실은 잘못된 게 아닐까? 재주는 곰이 부리고 돈은 엉뚱한 사람이 버는 꼴이지.

삶의 터전을 떠나야 하는 사람들

노동의 대가는 어디로?

김밥집에서 김밥을 팔면 그 돈의 일부가 건물주의 주머니로 흘러가게 되지. 그러나 김밥을 만들어서 파는 데 건물주가 한 일은 아무것도 없어. 가만히 앉아서 그저 임대료를 챙길 뿐이지. 노벨경제학상을 수상한 조지프 스티글리츠는 "토지 소유자는 자신이 '한' 일이 아니라 토지에 대한 소유권을 가지고 있다는 사실 때문에 보상을 받는다."고 말했어. 건물주는 가만히 앉아서 세입자가 피땀 흘려 일한 대가를 받아먹지.

다시 강조하자면, 땅값의 어마어마한 상승은 정부의 정책과 인구 이동 등 개인의 노력이 아닌 환경의 변화에서 발생한 거야. 땅값을 올리려고 일부러 그런 건 아니지만, 도시가 팽창하고 유동 인구가 모여들면 자연스레 부동산이 들썩이게 마련이야. 그러니까 부동산 가치 상승은 사회적 협업의 산물이며, 수많은 사람이 어우러져 만들어진 결과지.

젠트리피케이션이 진행된 지역의 부동산도 다르지 않아. 그 지역의 부동산 가치는 예술가, 개성 넘치는 상점의 주인, 지역 주민 등이 힘을 모아 끌어올린 거야. 그 지역을 찾아 준 방문객과 관광객의 역할도 빼놓을 수 없지. 이렇게 많은 사람이 함께 노력한 덕분에 부동산 가치가 올라가는 거야. 다시 말해서 부동산 가치는 공적 성격을 띤다고 볼 수 있어.

그러나 지금은 그러한 공적 가치가 건물주의 사익으로 수렴되지. 식당의 밥값, 술집의 술값, 옷가게의 옷값 등 거의 모든 것에 상가 임대료가 포함되어 있어. 세입자가 땀 흘려 일한 대가가 땀 한 방울 흘리지 않은 건물주에게 가는 거야.

어떻게 해결할 수 있을까?

젠트리피케이션은 한국만의 특수한 현상은 아니야. 특정 나라나 지역에 국한되는 문제가 아니라, 전 세계의 대다수 도시에서 벌어지는 일반적 현상이야. 전 세계를 지배하는 자본주의 시장 경제 아래서 수많은 나라가 비슷한 어려움을 겪고 있어. 젠트리피케이션 문제를 단번에 해결하긴 어렵지. 몇 가지 해결책을 생각해 볼 수 있을 텐데, 부동산을 공유하는 방법과 임대차 보호법 등 법을 통한 해결이 대표적이야.

영국 런던 남부의 넌헤드 지역에 '아이비 하우스'라는 술집이 있어. 지역에서 유래가 깊은 술집이야. 그런데 건물주가 개발 바람에 편승해 부동산 개발업자에게 건물을 팔았어. 지역의 명소가 사라질 위기에 처하자 주민들이 나섰지. 해당 술집이 '지역 공동체 가치 자산'으로 등록되도록 했어. 그렇게 되면 지역 주민 등이 민간의 자산을 인수해서 운영할 수 있는 권한을 얻게 돼. 주민들은 모금 등 다양한 노력을 기울인 끝에 술집을 샀어.

세입자나 임차인 등을 보호하는 법을 '임대차 보호법'이라고 불러. 세입자는 건물주와 상가를 임대한다는 임대차 계약을 맺지. 임대차 계약이 종료되면 세입자는 건물주에게 상가를 돌려주고. 세입자가 계속 영업하고 싶을 때는 건물주와 재계약을 해야 해. 영국, 일본, 프랑스 등에서는 '정당한 사유'가 없으면 건물주가 재계약을 거절하지 못하도록 하고 있어. 즉, 건물주가 세입자를 함부로 내쫓을 수 없도록 말이야.

민주 시민 학교 1

1판 1쇄 발행일 2021년 9월 17일
1판 2쇄 발행일 2024년 4월 1일

지은이 오승현
그린이 김주경

발행인 김학원
발행처 휴먼어린이
출판등록 제313-2006-000161호(2006년 7월 31일)
주소 (03991) 서울시 마포구 동교로23길 76(연남동)
전화 02-335-4422 **팩스** 02-334-3427
저자·독자 서비스 humanist@humanistbooks.com
홈페이지 www.humanistbooks.com
유튜브 youtube.com/user/humanistma **포스트** post.naver.com/hmcv
페이스북 facebook.com/hmcv2001 **인스타그램** @human_kids

편집 이주은 정은미 **디자인** 기하늘 럼어소시에이션
용지 화인페이퍼 **인쇄** 삼조인쇄 **제본** 해피문화사

글 ⓒ 오승현, 2021
그림 ⓒ 김주경, 2021

ISBN 978-89-6591-439-6 73330

- 이 책은 저작권법에 따라 보호받는 저작물이므로 무단 전재와 무단 복제를 금합니다.
- 이 책의 전부 또는 일부를 이용하려면 반드시 저작권자와 휴먼어린이 출판사의 동의를 받아야 합니다.
- **사용 연령 8세 이상** 종이에 베이거나 긁히지 않도록 조심하세요. 책 모서리가 날카로우니 던지거나 떨어뜨리지 마세요.